곰보 돌 궤적을 긋다

곰보 돌 궤적을 긋다

황진숙 수필집

수필과비평사

작가의 말

톡, 가랑잎에 매달린 빗방울이 연자맷돌 위로 떨어진다. 우묵한 아랫돌은 이미 한 줄금 그어댄 소나기로 그득하건만, 추락하는 물방울도 마다치 않는다. 바람 따라 억새풀이 날아들어도, 퇴락한 시간이 물이끼를 둘러쳐도 술렁이는 법이 없다. 파문이 이는 동심원의 궤적을 비춰줄 뿐, 묵묵하다.

옛 시절을 공양한 탓일까. 지나는 객의 발걸음 소리 들어앉힌 채, 바깥세상을 응시하는 시선이 고즈넉하다. 가만히 따라가다 보면, 오가는 이들의 속엣말이며 세상살이의 소란이 감지된다. 숱한 사연을 품고도 세월에 휩쓸리지 않는 침묵이 단단하다.

묵중한 연자매 앞에 선 나는 한없이 납작해진다. 지천명에 들어섰는데 여전히 세상사에 능하지 못해 그러안지도 내뱉지도 못하는 속내가 어수선하다. 이제야 수필가로서 지금껏 동거해 온 글줄을 엮어 내놓으려니 아득하기만 하다.

모자라지도 더하지도 않게 딱 그만큼의 감흥이길 바랐다. 허나 넘치거나 부족하기 일쑤다. 스며들고 뒤섞이지 못해 겉도는 이야기는 모래알처럼 서걱거린다. 떡살 찍듯 매양 같은 모양새를 그럴듯한 수사로 덧칠한 것 같아 옹색하다.

모쪼록 어수룩한 글일지라도 홀로 걷는 누군가의 발걸음에 힘이 되길, 무젓은 일상의 무기력을 멀리 보내는 생기가 되어주길 소망해 본다. 한 시절의 어두컴컴한 마음에 마침표를 찍어주는 그 무엇이 되어준다면 더없이 좋으리라.

책이 나오기까지 늘 곁에서 지켜봐 주는 가족들이 있어 든든하고 감사하다. 응원과 격려를 보내주는 모든 인연에게 이 책을 전한다.

2026년 1월

황진숙

목차

작가의 말 - 4

1장 초록에 들다

풀무 - 12

댓돌 - 17

옹기 시루 - 23

곰보 돌 궤적을 긋다 - 28

초록에 들다 - 34

발 - 38

홍조 - 42

낙죽장도烙竹長刀 - 46

소금 - 50

볍씨 - 54

다리를 말하다 - 59

2장 뒷모습을 읽다

반죽 - 64

멍석 - 69

등 - 75

열애 중 - 81

숯 - 87

호위무사 - 91

식빵 - 96

뒷모습을 읽다 - 101

6월의 오후 - 105

물끄러미 - 109

감자 - 113

3장 그랭이질, 시간을 잇다

감 - 118

트랙을 돌며 - 122

무 - 126

마당 - 130

첫다리 - 135

종이컵 - 140

바게트 - 146

그랭이질, 시간을 잇다 - 150

조피볼락 - 155

밭 - 159

돌절구 - 163

4장 그것은 바람이었다

숲2 - 168

선을 읽다 - 172

스치듯 겹쳐지면서 - 177

감각하다 - 181

헌책 경전 - 187

포구에서 - 192

그것은 바람이었다 - 197

노년이라는 이름을 가진 당신은 - 201

옷핀 - 206

너에게 보낸다 - 210

흘러가는 대로 - 215

1장

초록에 들다

풀무

풀무를 돌린다. 쇠바퀴가 삐걱대며 돌기 시작한다. 지나온 시간은 사라지지 않고 어딘가에 흔적을 남기는가 보다. 푸르죽죽한 이끼로 뒤덮인 기억들이 바퀴를 타고 돈다. 프레임으로 돌아가는 흑백영화가 되어 과거의 소리를 들려준다. 봉창을 통해 흐르는 별빛과 달빛 소리, 타오르는 장작불 소리, 김을 올리는 가마솥의 하품소리, 부지깽이로 장단 맞추는 소리가 설핏 풀무에게서 들린다. 별스러울 것 없이 빙그르르 이는 소리에 마음이 하뭇해진다.

가슴에서 내놓는 한줄기 바람으로 한때는 호시절을 누렸을 풀무. 무쇠로 만들어졌으니 몸태의 질감은 무겁고 거칠다. 허나 속은 텅 빈 채, 가슴에 바람개비 하나 달고 바삐 돌아간다. 바람을 보내기 위해 얼마나 아파해야 했을까. 터져 나오는 한숨마저 어둠으로 가려야 했던 걸까. 품어낸 바람을 내보낸 빈 가슴의 어둠과 고독이 적막하다.

풀무에게도 생기발랄한 처녀 시절이 있었을 게다. 대장간을 나와 누군가의 손에 이끌려 초가집 정지에 들어서기 전까지 꿈으로 부풀어 올라 있었겠지. 아궁이에 바람을 내어주며 따스한 불기운을 받을 수 있으리라 생각했다. 부뚜막의 달그락거리는 소리를 들으며 자적하는 삶을 꿈꾸기도 하였다. 구수한 냄새에 깃든 투박한 여유를 느끼리라 기대했다. 돌고 도는 고단함에 날개가 꺾이고 삭아가는 쇠바퀴에 푸른 꿈은 빛을 잃어갔다. 아궁이의 그을음으로 얼룩진 가슴, 시린 등을 타고 흐르는 냉기에 육신은 메말라갔다. 비루한 시간 속에 갇힌 존재의 남루함이 잿빛으로 어룽진다. 풀무가 돌면 단단하게 눌러놓은 내면의 슬픔이 밖으로 회오리친다. 미동도 없는 삭신 위로 애처로운 지난날이 그림자를 드리운다.

해가 저물고 어스레해지면 어머니가 부엌에서 풀무를 돌리셨다. 그 시간은 언제나 평온했다. 층층시하 시집살이로 종종거렸던 맏며느리의 분주함을 내려놓는 시간이었다. 어머니는 일정한 장단으로 덜 마른 솔가지나 생나무에 불씨를 살렸다. 마구 돌리는 센 바람이 외려 불꽃을 꺼트릴 수 있기 때문이다. 불씨와 바람이 서로 보듬어 불길이 일 수 있도록 장단을 조절해야 했다. 풀무의 리듬에 따라 살아나기도, 사그라지기도 하는 불꽃을 보며 어머니는 새색시 적 꿈을 열망했는지 모른다.

집안에서 정해준 배필을 마다하고 두메산골로 시집온 어머니. 비록 정화수 한 사발의 언약식이 다였지만 진심을 다했기에 사랑으로 가족을 이루는 평범한 꿈이 있었다. 회전하는 풀무가 그리는 원처럼 굴곡 없는 삶이면 좋으련만. 어머니 생은 변곡점의 연속이었다. 막내아들을 사고로 잃자 아버지의 방황이 시작되었다. 가난을 탓하고 운명을 탓하던 아버지는 빚쟁이에게 쫓겨 집을 나가 버렸다. 홀로 남겨진 어머니의 가슴으로 온갖 시련이 숨어들었다. 지아비 없이 지탱해야 하는 고통이 어머니를 옥죄었다. 설상가상으로 장남은 병명도 알 수 없는 병에 걸려 시름시름 앓아누웠다. 어머니는 가슴이 우는 소리조차 낮추어가며 눈물로 침윤되는 밤을 지새웠다. 마음이 타들어 가고 적빈하기만 한 세월이었다.

두려움과 절망은 형체를 보여주지 않으면서 영혼을 잠식한다. 생의 의지를 바닥으로 끌고 가서 흔들고 부딪히며 짓이겨 놓는다. 허나 그 끝엔 솟구쳐 오르려는 강한 열망이 있다. 생과 사의 줄을 타고 있는 자식의 숨소리가 쓰러져가는 어머니를 일으켜 세웠다. 호흡기에 의존한 미약한 숨소리가 어머니의 심장을 때렸다. 가물거리는 불씨 앞에서 어머니는 다시금 풀무를 돌렸다. 매캐한 연기가 앞을 가렸지만 어머니는 풀무질을 멈추지 않았다. 지속적인 풀무질로 불씨를 살려 그 연기를 걷히게 했다. 바람의 손끝이 되어 숨결을 불어넣어 주었다. 그 숨결은 마지막 안간힘이었다.

어머니는 풀무를 돌리며 고뇌와 시련을 바람으로 밀어냈을지 모른다. 거스를 수 없고 내려놓을 수 없어 첩첩이 쌓인 비애들을 바람에 실어 날려 보냈을 테다. 어둠에 갇힌 듯 엄습하는 위태로운 마음을 다잡기 위해 끊임없이 돌렸을 터이다. 제 몸을 돌려야 했던 풀무처럼 어머니가 인내했던 모진 세월은 켜켜이 쌓여 옹두리가 되었다. 안으로 삭히며 감내했던 시간은 한 몸을 이루며 단단한 벽을 만들었다.

설한풍이 불어대는 생의 질곡을 견딘 어머니. 삭정이가 된 비곤한 육신으로 여전히 풀무를 돌리는 어머니. 헤진 가슴으로 마른 바람을 내보내는 힘은 어디에서 나오는 것인가. 어머니가 살아내신 이유, 존재의 의미, 바로 깊은 사랑이다. 객지를 떠돌던 지아비를 집으로 돌아오게 하고, 병석에 누워 있던 아들을 살려낸 힘이다. 강인한 의지로 가족을 지켜낸 힘이다.

운명을 비껴가지 않으려 돌리고 돌렸을 풀무에게서 어머니의 모습이 얼비친다. 고통의 기억과 상처의 흔적마저 보듬은 어머니의 사랑이 바람을 품은 풀무처럼 고요하기만 하다. 빈 가슴의 뚝기로 일으킨 생의 불길이 잔잔히 내 가슴에 스며든다. 삶에 지쳐 있을 때 주저앉고 싶을 때 저 불길은 활활 타올라 내 삶에 든든한 버팀목이 되어 주리라.

평생 어머니 곁을 따라다녔던 풀무는 이제 시간 속으로 침잠하려 한다. 오롯이 박혀 있는 기억의 무게가 침묵 속으로 가라앉는다. 변해 가는 세상에서 풀무의 존재는 서서히 잊히겠지만 그 의미만은 사라지지 않을 것이다. 스러져가는 풀무가 굽은 어머니의 등처럼 처연하다.

－『思親文學』 2019. 가을호

댓돌

댓돌에 든다. 볕살이 데워 놓아서일까. 비루한 시간이 머무르는 데도 따스하다. 데데한 등줄기를 쓸어주기는커녕 흙먼지를 걸친 신들의 발길로 어지러울 텐데 정갈하기만 하다.

올라서서 내다본다. 제법 높은 마루 밑에 자리 잡은 터라 고택의 풍채가 한눈에 들어온다. 마당 한 귀퉁이에서 허공을 향해 부풀어 오르는 매화 꽃망울, 허세 부릴 줄 모르는 아담한 굴뚝, 한길 너머에 자리 잡은 또 다른 고택까지 부려놓는 풍경이 고즈넉하다. 내로라하는 절경이 이리 질박할까. 밀림 속 문명이 닿지 못하는 고졸한 멋에 절로 숨을 고른다. 바닥만 있는 게 아니라고 가장 남루한 밑바닥이 묵언으로 전한다.

사랑채에 들어가기 위해 신발을 벗는다. 주인장이 카페로 개방한 탓에 수시로 길손이 드나들었을 터이다. 대대손손 가(家)의 발자국을 새긴 것도 모자라 이방인의 발걸음까지 떠받드는 댓돌의 사연이 우둘투둘하게 감지된다.

처마 밑에 어둠이 고이면 곳곳을 누비던 신들이 모여든다. 숨 가쁘게 달려온 시간 내려놓기 위해 달무리를 등대 삼아 댓돌에 정박한다. 지나는 바람의 추임새에 노곤함을 풀어헤치고 풀벌레 소리에 비곤함을 쓸어낸다. 돋아나는 별빛을 끌어다 덮고, 하루의 노역을 잠재운다.

뒤꿈치가 터져 간당거렸던 고무신은 저 댓돌 위에서 한숨 돌렸을 것이다. 하룻밤 묵기 위해 사랑채에 든 과객의 짚신은 한양으로 가는 천릿길을 세어보며 마음을 다잡았을 터이다. 고된 행상 길에 먼지를 뒤집어쓴 봇짐장수의 신은 짊어진 등짐의 무게를 잠시나마 내려놓았을 테다.

기어이 해지고 흐트러질지언정 댓돌에서만큼은 가지런해진다. 오르려고 기를 써도 미끄러지는 세상이다. 허구렁에 빠지고 돌부리에 걸려 고꾸라지기 일쑤다. 비천하고 용렬한 세상 뒤집어엎고 싶은 분기로 숱하게 흔들리는 나날이다. 갈 수 없다고 절망 속에서 허우적거릴 때, 더는 올라갈 수 없어 주저앉을 때, 댓돌은 밟고 서라며 등을 내준다. 밑바닥에서 솟구치는 기운으로 까뒤집히는 속내를 가라앉히고 숨을 골라준다. 종일 험한 길 내딛느라 부르터서 힘겨워하는 발이 저를 딛고 마루에 올라설 수 있도록 고이 받친다. 거친 숨소리 잦아들어 편안한 휴식에 이르게 한다.

기둥을 받치는 위엄 서린 주춧돌도, 몸피에 새겨진 글귀로 눈길을 사로잡는 빗돌도 아니다. 장독대에서 아침마다 여인네의 치성을 받는 무명의 돌보다도 못한 처지다. 고관대작의 눈에 들지 못한 막돌에 불과했다. 눈이 오나 비가 오나 외딴섬처럼 홀로 박혀 발품 팔아온 이들의 무게를 감당하는 댓돌이 우직하다.

저를 밟으라니. 어느 신하가 저리 충직할까. 바람결에 딸려온 낙엽을 떨구고 슬어놓은 거미줄을 뗀 정갈한 매무새로 대청 아래 한사코 엎드린 댓돌. 편전에서 왕을 알현하며 발아래를 굽어살피라 읍소하는 걸까. 뒤축이 접힌 채 끈이 풀린 신을 신고 출정하려는 신출내기 왕을 바로 앉혀, 제대로 추스르라 상소를 올리는 건가. 수백 년을 조아리느라 닳고 닳은 댓돌에서 환영이 스쳐 간다.

험난한 세상 견딜만한 것은 제 몸뚱이 온전히 바쳐 헌신하는 댓돌 같은 존재가 있기 때문이리라. 정화수를 담은 막사발처럼 무탈하기를 비손하는 마음이다. 디디고 오를 수 있다는 믿음을 주는 안식처다. 살얼음판 같은 바닥을 끌어온 신을, 더 낮은 바닥에서 든든히 받쳐주는 굳은 심지다. 온갖 무게를 끌어안은 댓돌 위로 세상

언저리를 돌고 온 항로를 펼쳐 놓는다.

삶은 늘 오르지 못할 누마루처럼 막막했다. 그간 밤낮을 껴안고 하루를 구르느라 쉴 틈 없이 육신을 부렸다. 남편이나 나나 궁핍이 곳간을 채우는 집안의 맏이다. 포화상태인 경제난을 풀 해법을 찾아 내달렸다. 연로한 부모님과 공부가 한창인 아이들의 뒷바라지가 남았는데 갱년기에 접어든 몸이 점멸등을 켜며 가로막는다. 형편상 줄달음쳐도 모자랄 상황이건만 자꾸 까부라진다. 마음과 달리 갈지(之)자를 그리는 몸으로 맥없이 수렁으로 빠져드는 중이었다.

얼마 전엔 아버지한테서 전화가 왔다. 다가오는 윤달에 이산 저산 흩어진 묘를 이장해야겠다며 말끝을 흐렸다. 오빠의 죽음 이후 부모님은 빈 동굴처럼 허허로워했다. 하루 좋아지면 사흘 위중하고 이틀 잠잠하면 나흘 죽음의 문턱에서 헤매던 자식을 홀로 떠나보냈으니 죄 많은 팔자라고 가슴을 쳤다. 낫질이 서투를 때부터 벌초에 따라나선 오빠였다. 그 빈자리가 휑했다. 어느 해는 멧돼지가 내려와 죄다 무덤을 파헤쳐 놨다. 다시 잔디를 입히느라 아버지가 여러 날 애를 먹었다. 날로 쇠해지는 아버지의 기력으로는 묘소를 관리하는 일이 무리다 싶었다. 윗대의 유택을 봉안당으로 옮기기로 하고 적당한 이장 업체를 물색했다. 엄두가 나지 않아 일을 맡기고도 걱정으로 밤새 뒤척였다.

어스름이 걷히자, 제를 지내는 것으로 파묘가 시작됐다. 할아버지의 유골을 수습한 후 증조할머니의 무덤으로 향하던 중 앞서가던 아버지가 멈칫했다. 당신 기억으로는 여기 어디쯤인데 묘가 없다면서 두리번거렸다. 수년간 지형 변화로 산세가 바뀌어 쉬이 눈에 띄지 않았다. 근처 큰 바윗돌 밑에 있을 거라는 아버지 말에 수풀을 헤치며 오르내렸다.

제 영역이라도 되는 양 무성하게 바리케이드를 친 나뭇가지들이 할퀴어댔다. 낯선 이의 침입을 저지하려는 듯 얽히고설킨 넝쿨은 발목을 움켜쥐며 놔주지 않았다. 행짜 부리는 것들이 시야를 가려 몇 번을 미끄러졌다. 헛디뎌서 삐끗한 발로 질질 끌다시피 한 몸이 식은땀으로 범벅이 되고서야 겨우 증조모의 산소를 찾았다. 봉분인지 아닌지도 모를 만큼 낮아진 데다 잡목이 우거져 형체를 알아볼 수 없었다. 어둑살이 내려앉을 무렵, 유해를 봉안당에 모시고 간신히 일을 마무리하였다. 아버지는 그제야 조상님 얼굴을 뵐 낯이 선다며 한숨을 놓았다. 그러구러 집으로 돌아온 나는 긴장이 풀려 몇 날 며칠을 앓아누웠다. 종종거리는 몸짓에 익숙해진 잰걸음이 버거워 널브러졌다.

채이고 밟히느라 깎이는 줄 모르고 끝없이 낮아지는 댓돌을 바라본다. 제 한 몸 사르며 고택을 지탱해 온 들무새가 마음 겹다. 세월 따라 뒷전으로 물러나 앉는 호사를 마다하고 여전히 걸음걸음

올려주는 마음이 지극하다. 잠시 잠깐 일상의 궤도를 벗어나려던 상념이 제자리로 돌아온다. 어수선했던 자리에 여유 한 채 들앉힌다. 저만치서 인기척이 난다. 고달픈 여정에 방점을 찍으러 오는 이는 나뿐만이 아니다. 어디서 날아들었는지 검불이 댓돌 위에 앉아 있다. 가만히 손으로 쓸어낸다.

–『호미곶 문학대전 수상작품집』 2023.8

옹기 시루

저라고 그리 생긴 게 좋기나 할까. 편평한 바닥과 넓은 아가리로 마냥 품고 싶었겠지. 동이 안의 물이 탐이 나 빗물을 받아 보기도 하였다. 가둬 둘 새 없이 빠져나가 버리는 물이 허허로웠다. 가려주는 뚜껑 없이 구멍 난 바닥은 매나니의 삶이었다. 장독처럼 맛을 품는 건 언감생심이다. 술을 담아 논과 밭을 돌며 유유자적하는 자라병이 부럽기도 했을 터이다. 등에 업혀 다니는 허벅의 팔자는 단연 상팔자다. 여인네의 손길로 말간 얼굴을 되찾는 항아리를 바라만 봐야 했다. 함치르르 윤기 흐르는 단지들의 진열로 시루는 댕그라니 구석으로 밀려나기 일쑤였다.

장독대에 옹기 시루가 하나 있다. 땅을 향해 엎어져서 붙박이가 되었다. 오랫동안 사용하지 않은 시루에는 가랑잎과 거미줄이 한가로이 바람을 타고 있다. 모지라진 입술을 둘러친 이끼와 수화문(手畵紋) 사이로 그어진 금은 정취를 자아낸다. 훑고 지나간 세월 속에서 그리움과 기다림으로 풍화된 시루의 질감이 선연하다. 빛깔은 흐려졌지만 두루뭉술한 몸태나 후덕한 인심은 그대로다. 지금이라도 하얀 김을 내뿜는 백설기를 내놓을 것만 같다.

슬거워져 시루 옆에 쪼그려 앉는다. 나직이 호요바람이 묻어난다. 저를 억누르며 불의 시간에 몸을 절여서인가. 시커먼 연기에 그을리며 제 빛깔을 낸 탓인가. 거친 호흡이 허공으로 흩어진다. 찰진 물성이 되고자 떡메에 치이고, 께끼질에 깎이고, 메질을 당했던 순간들이 닳고 닳은 지문으로 박혀 있다. 방망이의 두드림을 이겨낸 바닥의 강고함은 시간의 파장에도 흔들리지 않았다. 타림질의 누름을 견뎌낸 기벽은 파고드는 진동에도 허물어지지 않았다. 한 줌의 점토에서 시루가 되기까지 손끝에 맴도는 서사가 까끌하다. 그 꼿꼿한 치열함이, 짓눌릴수록 살아나는 당당함이 억척 아낙네의 모습이다.

질긴 운명으로 엮어져 한 자리에서 망부석이 되어 가고 있는 시루, 한 가문에 들어와 그 집안의 화석이 될 때까지 못다 한 이야기들이 얼마나 많으랴. 금 가고 깨지면 미련 없이 내쳐지는 시루의 처지나 아들을 못 낳았다는 이유로 소박을 당한 할머니의 팔자가 무에 다르겠는가. 오매불망 파란 하늘 보기를 기다리며 뒤집혀 있던 시루의 시간들. 이제나저제나 만주에 간 남편이 돌아오길 바랐던 할머니의 세월들. 생의 궁색함으로 무덤덤할 수밖에 없었던 운명이 피차 매한가지였다.

할머니는 첫 결혼에서 소박을 당했다. 재취 자리인 할아버지에게 시집올 때 머리에 이고 온 게 옹기 시루였다. 누대에 걸쳐 독자 집안이었기에 아버지가 태어나기 전까지 가슴 졸이는 나날의 연속이었다. 수탉이 홰를 치면 할머니는 뒤란 장독대에서 치성을 드렸다. 집안에 경사나 우환이 생기면 시루떡을 해서 고사를 지내곤 하셨다. 일 년에 열 번의 제사가 있을 때에도 마찬가지였다. 할머니가 떡을 하는 날에는 온 집안이 조용했다. 경건함이 부정을 물리친다는 할머니의 생각에서였다.

마당에 화덕이 준비되면 시루와 가마솥이 짝을 맞춰 앉는다. 시루 구멍을 메우기 위해 짚이나 삼, 칡 껍질로 얼기설기 엮은 시루밑을 깐다. 그 위에 무명 보자기를 펴 놓는다. 디딜방아에 찧어 온 가루와 고물을 한 켜 한 켜 올리며 할머니는 날 선 감정을 달래고 허물어지는 마음을 쌓았을 것이다. 켜켜이 깔아 놓은 떡가루의 층 위에 짚으로 만든 뚜껑을 덮은 후, 시루번을 붙이며 메마른 시간을 내려놓았다. 공허함 속에 밀착되어 오는 가루들의 단층에 시루의 존재가 일깨워진다. 가마솥의 물이 끓기 시작하면 넣어 두었던 종지가 요란한 소리를 낸다. 솥이 참지 못하고 내뿜는 증기를 시루바닥이 받아들인다. 갈 길을 찾지 못하고 헤매는 수증기를 제 몸에 채워 넣는다. 잠시 눈에 보이고 사라지는 변덕스러운 성미인 수증기를 품어 생가루를 익힌다. 지긋이 기다려야만 신기루처럼 사라지는 연기를 품을 수 있기에, 시간이 더해져야만 익어가기에. 시루 안에는 기다림과 만남이 어우러지고, 설익음과 익음이 융화되어 삶의 지층을 만들어 내고 있었다. 만주에 인력거를 끌러 가신 할아버지가 무사히 돌아오길 염원했을 때도, 인민군에 끌려간 시동생의 안위를 기원했을 때도, 장손이 중병에 걸려 사경을 헤맬 때도 할머니는 시루에 떡을 했다. 혼신을 다한 할머니의 영혼이 시루에 실리고 그 뜻이 하늘에 닿았을 때 고뇌의 비손은 숭고함으로 승화되었다.

시루가 떡을 쪄낼 수 있는 건 다른 옹기에는 없는 구멍 때문이다. 꽉 막혀 어디로도 갈 수 없는 게 아닌, 스며드는 감정들이 만나 충만하게 퍼져 나갈 수 있게 속을 내어준다. 그리하여 비감한 가슴에도 평온이 싹 틀 수 있게 한다. 완전히 메워지지 않아서 마음 한 자락 머금을 수 있고 들고 나는 바람 속에서 아로새겨진 바램은 삶의 버팀목이 되었다.

시루와 혼연일치가 되어 비숙원의 삶을 사신 할머니. 시댁으로 조용히 발걸음하던 그 옛날처럼 생의 문을 닫던 어느 날도 소리 없이 돌아가셨다. 이제는 소용이 다한 시루에 더는 떡을 하지 않는다. 시루 안에 들인 햇살과 바람의 노래가 아스라해지고 머물던 삶의 흔적들이 희미해지면서 할머니의 세월도 그렇게 여물고 있었다.

흘러온 세월만큼 시루가 주는 잔잔한 기억이 장독대에 은은히 머문다. 수십 년간 숱하게 들고 났을 호흡에 손길이 더해진 시루는 그저 술명하니 자리를 지키고 있다. 진흙 속에서 핀 연꽃처럼 가마 속에서 피어난 시루, 깊은 속내에 스며든 생의 노래가 아늑하게 울려온다.

—『한국수필』 2018.2

곰보 돌 궤적을 긋다

모래밭에 섰다. 바다를 보기 위해 가파른 하루를 내던지고 달려왔다. 통성명을 생략한 채 다짜고짜 성내며 달려드는 바람으로 휘청인다. 속내를 터놓기도 전에, 옷깃을 풀어헤치고 머리카락을 헝클어트린다. 이방인의 침입을 허락하지 않겠다는 듯 싸늘한 한기까지 몰고 와 겁박한다. 바람과 내통한 파도는 거세게 밀어닥치며 모래톱을 후려친다. 어스름이 다가와 사위를 다독여보지만, 뿌리라도 뽑을 것처럼 포효하며 요동치는 바람으로 속수무책이다.

바다를 쟁여 넣으려 호기롭게 나섰던 나는 주춤한다. 쪽빛 숨결을 들이마시는 건 고사하고 숨통을 틀어쥐는 바람의 위력에 뒷걸음친다. 허둥대다가 뭔가에 툭 걸린다. 돌이다. 주먹만 한 돌이 모래밭에 처박혀 있다. 발꿈치에 걸리지 않았다면 알아채지 못했을 외진 곳에 오도카니 붙박였다.

유배라도 당한 걸까. 온갖 고초에 기력이 다한 걸까. 무리에서 떨어져 나온 곰보 돌이 모래사장에 파묻혀 옴짝 않는다. 외따로이 내쳐져 막다른 곳에 틀어박힌 신세다. 격랑이 이는 바다를 삼킨 것도 모자라는지, 바람은 바닷가 한 귀퉁이에서 더부살이하는 돌까지 집어삼키려고 갈기를 세운다. 저항하면 싹쓸이해 버리는 게 누천년에 걸친 바람의 습성이다. 상처받은 이의 가슴처럼 뼈대를 드러낸 채 숭숭 뚫린 구멍으로 들이치는 바람을 맞는 돌이 황막하다.

칠흑 같은 밤엔 파도 소리를 들으며 한숨이 깊어졌으리. 뭇사람들의 발길질에 채여 살가죽이 까지고 코쭝배기가 깨졌을 테다. 밀물에 수장당하고, 성난 파도에 휩쓸려 떠돌기도 했을 것이다. 제 한 몸 허물며 억만년을 넘어왔을 돌이 묵묵하다.

왠지 마음이 쓰여 돌을 주워 든다. 오래 묵은 기억이 손끝에 와 닿는다. 억만년 전의 뜨거운 용암의 기운이 스쳐 가고, 천지를 흔드는 폭발의 굉음이 흘러나온다. 용암 속의 가스가 빠져나간 자리마다 구멍이 들어앉아 우둘투둘하다. 태생부터 얽둑배기였으니 지나는 이의 눈길을 사로잡을 나이테를 그리지 못했다. 흠모할 만한 특출한 모양도 아니었다. 자잘한 구멍으로 둘러친 몸피는 어둡다 못해 거무칙칙했다.

누군들 구멍이나 품고 싶었을까. 반드러운 모양새로 독에 들어앉아 한가로이 시간을 삭히는 누름돌이 되고 싶었다. 내로라하는 집안의 위세를 드러내는 주춧돌로 기억되어도 좋겠다. 까뒤집히는 속내를 가라앉히며 숨을 골라주는 댓돌의 위엄이 부러웠다. 매끈한 몽돌처럼 벼려져 어우렁더우렁 왁자하게 수다라도 떨고 싶은 소망이 왜 없었으랴.

이름 없는 돌로 숱하게 무명의 시간을 건너왔다. 불에 탄 시간을 뒤로하고 땅속에 묻혀 있을라치면 곡괭이가 날아들고 호미가 파고들었다. 등짝에서 시퍼런 불꽃이 일고 거죽이 패였다. 여기저기 치이고 받친 채로 땅속에서 내쫓기기 일쑤였다. 어디에도 쓸모없다며 방패막이로 내몰렸다. 얼기설기 허튼 층으로 쌓인 돌담에 등때기를 내주어 창과 화살을 막아내는 성벽으로, 들이치는 바람을 다독이며 여염집을 지키는 담으로 뼛골이 닳도록 보초를 섰다. 지각변동으로 세상이 뒤집히자 유랑민이 되어 이곳저곳을 떠돌다 예까지 왔다.

모진 풍파에 살점을 덜어내고 구멍투성이로 뒹굴지언정 살아야 할 의미를 찾아 버티는 돌이 가련하다. 더는 갈 곳 없어 휘몰아치는 바람을 안고 생을 견뎌낸 여인이 밀물져 온다.

할머니는 박색에다 제 이름 석 자도 쓸 줄 모르는 까막눈이었다.

날 때부터 얼굴의 반을 가리는 반점으로 점박이라고 불렸다. 타고난 흠은 운명을 얽둑배기로 옭아맸다. 할머니가 장에 갔다가 집으로 돌아오는 날은 할아버지의 노기 서린 목소리가 담을 넘었다. 셈법을 몰라 장사치의 상술에 손해를 보는 할머니가 남부끄럽다고 역정을 냈다. 얼굴의 흉 때문에 낮잡아 보여 덤터기를 씌우는 거라며, 타박을 일삼았다.

그럴 때마다 할머니는 고개를 숙이고 한쪽으로 물러나 있었다. 첫 결혼에서 소박맞고 재를 넘어 시집온 할머니는 죄인이었다. 종부로 들어왔지만, 혈육을 얻지 못해 작은집에서 양자를 들였다. 그마저 홍역을 앓다가 죽게 되자 할아버지는 할머니에게 등을 돌렸다. 있는 자식도 보듬지 못하는 무지렁이라며 도포 자락 휘날리게 찬바람을 일으켰다. 가문에 흠집을 낼 수 없었던 할아버지는 안방에 시앗을 들여 기어이 종손을 보았다.

생과부로 골방에 거처하게 된 할머니의 가슴엔 시린 바람이 불었다. 어려서부터 무녀리라는 사람들의 수군거림과 멸시를 받아온 구멍 숭숭한 가슴이었다. 구들장이 끓어오르도록 군불을 때 봐도 찬기가 사그라지지 않았다. 방문 너머에서 들려오는 젖먹이의 울음소리를 따라 지아비의 너털웃음 소리가 새어 나오면, 소용돌이치는 바람을 다독이느라 속이 타들어 갔다.

숱한 상처로 곰보가 된 세월. 단 한 번도 호시절을 누려보지 못한 할머니의 나날은 비루했다. 백면서생이나 다름없던 할아버지가 가산을 탕진하고 만주로 떠나버렸을 적엔 빈 곳간을 지키며 생계를 꾸리느라 몸 성할 날이 없었다. 소여물을 썰다가 작두에 손가락이 잘리고, 땔감을 구하러 산에 갔다가 굴러떨어져 피딱지가 들러붙어도 들여다봐 주는 이 없어 홀로 아물렸다. 친정에 발걸음 말라는 증조부의 냉대로 마음 한 자락 둘 데 없었다.

할머니라고 왜 항변하고 싶지 않았겠는가. 차라리 맞닥뜨린 바람에 내동댕이쳐져 깨지고 부서지고 싶었다. 가슴팍에 박힌 절망으로 나뒹굴고 싶었다. 운명에 차여 제 몸뚱이를 구박데기로 몽글려야 했던 고행이 섧다. 허나, 온몸에 형틀이 파여도 포기할 수 없는 게 목숨 아니던가. 세상 아무도 알아주지 않을지라도 살아보자고 사나운 마음 거뒀다. 기우는 해를 바라보며 탄식을 쏟아내고 차오르는 어둠 속에서 별자리를 세며 설움을 달랬다. 고인 울음이 사그라지고 거친 숨이 잦아들고 나서야 구멍을 품은 가슴이 담담해졌다.

가만히 돌을 손으로 쓸어본다. 생의 의지를 분지르는 싹쓸바람에 부딪혀온 생애가 서느렇게 감지된다. 구멍마다 속속들이 들여다보이는 시련이 까슬하다. 언감생심 우러르는 돌이 되어보지도 못하고, 상처투성이로 굴러온 기억들이 고스란하다. 세월은 시간에 풍화되어 바스러진다. 모래밭의 자국들은 너울거리는 파도에 쓸려나간다. 살아온 흔적으로 남은 구멍만이 얽은 무늬로 궤적을 긋는다.

저 멀리 소쿠라지는 포말 위로 푸른 어둠이 내려앉는다. 싸한 바람이 불어온다. 하릴없이 집어 든 돌을 제자리에 놓아둔다. 적막 천지인 바닷가에서 또다시 한뎃잠을 자게 될 돌이 쓸쓸하다.

—『제10회 등대문학상 작품집』 2022.12

초록에 들다

더는 갈 수 없고 더는 가려고 하지 않는다. 이목을 끌어 압도하지도 뒤처져 순종하지도 않는다. 황과 청의 따스함과 차가움을 동등하게 품어 온화하다. 과하지도 부족하지도 않게 미완을 완성시키고 충만에 도달하는 색, 초록이다.

바닥을 기는 이끼에서부터 치솟은 나무의 잎사귀까지 초록은 어디에나 있다. 햇볕이 내리쬐는 해변에서 숲이 되고 편안한 보법을 위해 잔디가 되어준다. 캄캄한 어둠 속에서는 비상구의 불빛이 되어준다. 사람의 몸에도 초록이 들어 있다. 푸른 혈액이라 불리는 엽록소는 인체에 들어와 혈색소를 만든다. 엽록소의 마그네

숨이 철분으로 바뀌어 혈액이 된다. 온몸을 돌고 돌게 만드는 귀한 색이 초록이다.

초록을 거닐다 보면 고요해져 마음이 열린다. 수피를 뚫고 나오는 새순의 연초록, 수풀을 내달리는 진초록, 푸름을 내려놓는 낙엽의 녹갈색, 물보라를 일으키는 물방울의 청록색, 짙은 바다의 검푸른색 등 초록의 층위는 다채롭다. 정적이면서 동적인 파장으로 사위를 물들이는 풍경이 깊디깊다. 스르르 번지는 향내로 살그머니 내려앉는 소리로 몸과 마음을 돋워주는 빛깔이 초록이다.

내 곁에도 초록이 있다. 화려하다와 수수하다의 중간쯤, 외향적이지도 내향적이지도 않은 '담백하다'라는 말이 어울리는 사람. '사랑한다'와 '치워뿌라' 같은 오글거리는 말이나 센소리는 절대 입에 담을 수 없는 사람. 됨됨이가 요란하지 않아 누구와도 불협화음을 일으키지 않는 사람. 무람없이 찾아가도 언제나 그 맛을 내어주는 단골식당처럼 동행한 그간의 세월에도 여전히 연록으로만 존재한다.

옆에 있으면 초록이 푸른 숨을 불어 넣듯 감정의 보풀이 가라앉고 말랑해진다. 가뭄 든 오이 꼭지처럼 내 반응이 쓰디쓴 날, 그는 포도주를 내온다. 한 잔만 들이켜도 낯빛이 붉어지는 터라 그는 술을 잘 마시지 않는다. 내 말을 경청하며 고민을 대신하다 보니 서너 잔을 마시고 먼저 취해 버린다. 가물거리는 눈빛을 보고 있자니 뭉쳤던 마음이 풀어진다. 부드러운 입김으로 주절거리는 말들이 뒤엉킨 속내를 어루만진다.

타고난 음치지만 자각하지 못하는 건 그의 덕이다. 반 박자가 앞서는 나를 위해 노래방에만 가면 손으로 탬버린으로 박자를 맞춰 준다. 함께 부르다 보면 노래 좀 한다는 착각에 빠지기도 한다. 앞서거니 뒤서거니 둥당거리는 선율에, 나부끼는 마음이 환하다. 서로에게 파도치는 초록이 참하다.

더러는 한결같은 초록이 답답하기도 했다. 제자리걸음인 딸아이의 성적에 열성적으로 몰입해도 모자랄 판에 아이를 존중하자며 지켜보잔다. 방관하지는 않지만, 자율성을 강조하는 그가 외려 나를 옭아맨다. 팽팽하지도 느슨하지도 않은 일관성이 조금은 갑갑해진다. 직장에서 회식하거나 모임을 나가도 그는 좀처럼 일찍 들어오라는 재촉을 하지 않는다. 언제 오냐는 전화 한 통이 없다. 통제 없는 자유가 부럽다는 동료의 한마디에 은근히 부아가 치민다. 신혼도 아닌데, 하루에도 몇 번씩 통화하며 모임이 끝나는 시간에 맞춰 데리러 오는 그 집 신랑의 마중이 부러운 건 왜일까.

그럴 때는 그에게 다른 색을 입혀 주고 싶었다. 홍고추처럼 붉은색을 씌우면 열정적으로 될까. 숯처럼 까만색으로 채색하면 냉정해질까. 허나 열정과 냉정은 잠시 잠깐이다. 열정은 시간이 지나면 사그라지고 냉정은 미적지근하기 마련이다. 뜨거움에 데고 차가움에 지치면 은근함이 그리워진다. 모든 걸 빨아들일 듯한 강렬한 붉은색과 암전에 들게 하는 어두운 검은색보다 온화한 초록에 시선이 머무는 이유다.

우물처럼 깊은 속을 가진 그라는 걸 알고 나서 늘 퍼 올렸던 것 같다. 두레박이 우물물을 가져가는 건 당연하니까. 명백한 건방짐이 아닐 수 없다. 홀로서기라는 낯선 단어를 수시로 들이대며 그의 마음을 무던히도 쪼갰다. 더해도 덜해도 있는 그대로 품어내는 초록이라는 둘레에 닿기까지 긴 시간이 필요했다.

그 역시, 초록으로 있기까지 마냥 다사롭지만은 않았다. 나와 한 방향을 바라보기 위해 속에 든 수천수만 가지의 색을 탈색시켰다. 꿈을 그리던 고집스러운 무채색도, 일상의 소요로 얼룩진 흙빛도. 내 속이 되기 위해 그의 속은 치열하게 다툼을 벌였으리라. 푸른빛으로 아물거리기 위해 접점에 선 나날이었다.

살아가면서 이런저런 색에 시선이 갈 수도 있겠다. 호기심에 두르고 걸쳐 보고 싶을 수도 있을 것이다. 허나 지친 일상에서 초록이 휴식이 되어 주듯 나의 안식처는 그가 될 것이다. 초록으로 성성했던 이파리가 시래기가 되어 엮어질지라도 나는 깊은 맛을 음미하며 물들 것이다. 늘 그랬듯 초록에 들 것이다.

—『현대수필』 2020. 여름호

발

굽혔다 폈다 하루를 끌고 간다. 구렁텅이 같은 바닥을 딛고 저벅거린다. 무명으로 태어나 목숨이 다할 때까지 한 채의 몸집을 짊어지고 세상의 길을 헤집는다.

갈라 터진 세월은 발뒤꿈치에 쟁여놓는다. 일생을 동행한 이력으로 너덜거리는 기억들이 허옇게 층을 이룬다. 종일 신발에 몸을 구겨 넣은 채, 보이지 않는 시야를 점유하느라 잡힌 물집과 덧난 상처쯤은 덮어 둔다. 습한 어둠 속의 고린내를 탓할 겨를도 없다. 뒤꿈치가 땅에 닿아 지축을 울리자마자 바닥을 박차고 나간다. 한 치의 오차도 없이 일사불란하다. 핏줄 불거지도록 오그라들며 노면을 움켜쥔다.

요령을 부릴 줄 모르는 우직함은 타고났다. 허기진다고 꼬르륵 소리로 보채거나 화가 난다고 핏발을 세우지도 않는다. 눈물로 슬픔을 호소하거나 푸념을 늘어놓는 법도 없다. 그럴 수 있다고 토닥이는 손길을 받는 일은 더더욱 없다. 부여받은 소임으로 어딘지도 모를 종착지를 향해 무작정 걷는다. 저물녘, 몸 뉠 곳을 찾지 못해 헤매기도 한다. 속내를 알 수 없는 세상사로 헛디딘 날은 가차없이 나뒹군다. 난장판 같은 생의 터전에선 밥벌이를 위해 우격다짐으로 구른다. 돌부리에 걷어차이고 등짝이 찍히고 피멍이 들어도 일어서야 한다.

머나먼 시절 짐승을 추격하며 맹수를 피해 줄행랑칠 수 있었던 건 발이 있어 가능했다. 미지의 대륙을 정복하고 정글을 탐험하며 사막을 건너 오아시스를 찾는 항로에 앞장선 이는 발이었다. 그가 가지 않으면 볼 수 없다. 맡을 수도 들을 수도 없다. 한 발 한 발 다가가야 기대고 안아주고 맞잡을 수 있으니 온몸을 지휘하는 선봉장이다. 영혼이 까무러질지언정 멈추지 않는 서사다.

살아남기 위해 들끓는 세상의 궁벽한 곳을 휘젓는 발. 천년의 수령을 품은 나무의 뿌리처럼, 담벼락을 타고 넘는 호박의 넝쿨처럼, 허공을 날아오르는 새의 날개처럼, 물속을 헤엄치는 물고기의 지느러미처럼, 발은 어두컴컴한 암흑 속에 뿌리내리고 설상가상을 넘으며 현기증 나는 공중을 맴돌아 깊이를 알 수 없는 바닥으로 자맥질한다.

마흔 끝자락에 접어들도록 노역에 종사해 온 내 발을 들여다본다. 미끄러지는 세상 지탱하느라 온 청춘을 걸었다. 굳은살이 박이도록 밟히고 치이며 여기까지 왔다. 반지하방의 어둠을 몰아내고 하루의 생계를 유지하기 위해 발에 기댈 수밖에 없었다. 볼펜을 굴리고 자판을 두드리는 등 화이트칼라의 제스처에 물든 손은 험한 일을 거부했다. 손을 털고 모르쇠로 일관했다. 나약한 척 은근슬쩍 기대는 어깨와 휘어진 굴곡으로 비스듬해진 등도 그에게 짐을 전가했다. 하루하루 빚 독촉에 시달리며 살얼음판을 디디느라 쉴 틈 없이 종종거렸다.

동굴 같은 컴컴한 시간을 지나오며 숱하게 속울음을 토해내고 싶었다. 가풀막을 오르내릴 때, 난데없는 작달비에 온몸이 젖어 드는 날은 끝나지 않을 막막함에 주저앉기도 했다. 고달프고 서러워질 때마다 웅크릴 수 있게 숨을 죽여 멈춰서고, 다시금 일으켜 세워준 그였다. 이정표 없는 굽잇길을 생의 바깥에 선 수문장으로, 곤궁한 여정의 은신처로 보듬어줬기에 무시로 흔들리는 생애를 버틸 수 있었다.

하루의 소란이 모두 잠든 한밤중이 되면 그는 비로소 이고 진 무게를 내려놓는다. 뭉툭한 모양새로 밀고 온 시간이 가지런하다. 가만히 있으면, 질긴 세상살이에 곡예 부리듯 넘어온 세월이 들려온다. 칠칠치 못하게 고꾸라지기나 한다며 퍼붓는 원망과 질타의 소리, 살성이 그리 약해 어쩌냐며 훈수 두는 소리, 쿰쿰한 냄새가 난다고 퉁을 주는 소리가 허공을 울린다. 어쩌면 240밀리의 발은 옥죄는 세상에서 벗어나 자유를 갈망할지 모른다. 굉음과 소음이 뒤엉킨 거리가 아닌, 풀벌레가 목청을 돋우는 황톳길의 감흥에 젖어들고 싶었을 것이다. 낮달이 밤달이 되도록 유유자적 늘어지고 싶었으리.

그간 선심 쓰듯 신발만 던져주며 무심했던 죄과가 떠오른다. 뻣뻣하게 각을 세우는 신발이 달려들어도 순응하길 종용하던 내가 아니던가. 그럼에도 수많은 생채기를 침묵으로 감내해 온 발이 듬직하다. 동살이 잡히면 부스스한 잠을 떨치고 떠날 채비를 하는 발이 미덥다. 세상의 문이 닫힐 때까지 육신의 밑바닥에서 엮어낼 일생의 경전이 거룩하기만 하다. 여기저기 고이는 통증에도 결코, 무너지지 않을 걸음걸음의 발을 경배한다. 거칠어진 그를 한껏 쓰다듬어준다.

—『인간과 문학』 2022. 봄호

홍조

반란이다. 소리소문 없이 출몰한다. 가끔 기별은 있었지만 설마 별일이야 있을까. 예고도 없이 야밤에 들이닥쳤다. 붉어지는 얼굴을 보며 자고 나면 괜찮겠지. 며칠 있으면 가라앉으려니 했다.

날이 갈수록 기세를 더한다. 얼굴에서 가슴으로 영역을 확장하며 벌겋게 데운다. 따갑고 화끈거린다. 내 숨통을 틀어쥐고 숨 쉴 적마다 콧구멍으로 입으로 뜨거운 김을 쏟아낸다. 작정하고 열을 내며 달려드니 속수무책이다. 물기란 물기는 모조리 빨아들이며 사막화시킨다. 가뭄의 논바닥처럼 균열을 일으킨다. 내 천(川) 자 주름, 팔자주름, 삼 주름 등 고인 주름은 모두 저리 가라며 새로운 골을 긋는다. 턱에 볼에 이마에 뾰루지를 올리며 철퍼덕 자리 깔고 누워 버린다.

오만 성깔을 부리는 홍조를 달래기 위해 진정 팩으로 얼굴을 덮는다. 차분히 가라앉히기 위해 복식호흡을 한다. 냉수를 들이켜고 찬물로 샤워해 본다. 잠시 잠깐일 뿐, 불길은 쉬이 잡히지 않는다. 속은 까맣게 타는데 얼굴은 활화산처럼 타오른다. 참다못해 맞불을 놓는다. 삼복더위에 보양식이 제격이니 이열치열이렷다. 소뼈로 우린 사골국물을 들여보낸다. 뜨거운 기운에 깜짝 놀라 도망가겠지. 웬걸, 얼마 지나지 않아 된서리를 맞는다. 온몸이 두드러기가 난 것처럼 가렵다. 진국의 명성은 온데간데없이 사라지고 홍조에 합류하여 열을 상승시킨다. 맥을 못 추는 방책으로 신경이 곤두선다. 이제껏 마시던 우유와 커피도 거부반응을 일으킨다. 살아온 방식이 통째로 거부당하는 느낌이다.

하는 수 없이 묘책을 찾으러 병원엘 간다.

"별수 없습니다. 내려놓으세요."

의사의 말이 뇌리를 울린다. 어느 날인가부터 철쭉꽃 피는 봄을 맞으면서 흥취에 젖지 못했다. 벼락 치는 여름의 두려움과 붉게 익어가는 가을의 풍요로움, 시린 가을의 찬바람을 느끼지 못했다. 바삐 살았다고 핑계를 댄다. 너무 많은 짐이었다고 한탄도 해 본다. 잡고 있다고 내 것이 될 수 없는 진리를 가슴에 새기지 못했다. '

하루에 참을 인(忍)자를 백번 쓴다.'라는 서백당의 당호처럼 내뱉지 못한 응어리가 불덩이가 되지는 않았을까. 내지르지도 삭히지도 못한 묵은 감정들이 수면 위로 떠오른다. 겉으로 드러난 감정을 삭이기 위해 퇴고를 자주 한다는 어느 시인의 말도 귓가를 맴돈다. 되돌아보는 시간을 생략한 채 살아온 나날이 뜨끔하다.

내려놓으라는 추상적인 단어 속에서 구체적인 의미를 들추느라 아득해진다. 팍팍하게 사느라 여백을 두지 않았기에, 마음 한 가닥 내려놓을 자리를 찾지 못해 난감하다. 그간 시선을 주고 살았던 것들이 아우성치며 달려드는 것 같다. 일상에 휘둘리고 홍조에 시달리고…. 마냥 청춘인 줄 알았던 몸이 내지르는 호소에 귀가 얼얼하다. 휑한 가슴을 안고 진료실 문을 나선다.

밖으로 나오니 잎잎이 물든 은행나무 잎으로 거리가 훤하다. 저무는 시간이 저리 고울까. 구르는 황금빛이 아까울 정도다. 바람에 흩날리던 잎새 한 장이 기다렸다는 듯이 옷깃에 달라붙는다. 저마다 무게를 놓고 바닥으로 내려앉는데, 계절을 따라가지 못하는 풋내기가 떨어지지 않으려 기를 쓴다. 미련스럽게 몸부림치는 궤적이 마음을 흔든다. 너도 별수 없구나. 떼어 버리려다가 하릴없이 주머니에 넣어 집으로 데리고 온다.

돌아오자마자 책꽂이에서 책을 꺼내 든다. 중간 부분을 펼쳐서 나뭇잎을 끼워 넣는다. 구부러진 몸을 반듯하게 펼 수 있도록 심지에 바짝 붙인다. 구매하고서도 차일피일 읽기를 미뤄뒀으나, 며칠 후면 잘 마른 잎과 함께 이 책을 읽을 것이다.

그때쯤이면 바람에 쫓기던 잎의 당혹감도 사그라졌을 테지. 잎맥 가득히 피돌기 하느라 누리지 못했던 저만의 시간에 닿아 있을 것이다. 물기가 걷히고 냄새가 가셔 느슨해진 저를 음미할 것이다. 나 역시 나를 보지 못해 지나쳐온 시간을 나뭇잎에 비춰보며 조금은 가붓해지기를 소망한다. 오래 참았다가 뱉어내는 숨처럼 서서히 헐거워지기를, 붉은 낯빛이 온화해지기를 기대해 본다.

— 『현대수필』 2021. 봄호

낙죽장도烙竹長刀

적열의 무게를 견딘다. 인두 끝의 불꽃이 마디의 몸피를 뚫는다. 한 자 한 자 새겨지는 날카로움이 온몸을 관통한다. 그을리며 타들어가는 고통을 그 누가 알랴. 숨이라도 쉴 수 있을까. 흐르는 시간 속에서 대나무는 미동도 없이 제 몸을 내어준다.

낙죽장도는 손잡이와 칼집이 대나무로 만들어졌다. 불에 달군 인두로 대나무 거죽 위에 사상이나 신념을 새겨 넣은 칼이다. 보석으로 장식하거나 도금을 입힌 칼처럼 웅장하거나 화려하지 않다. 바이킹의 울프베르흐트검, 사무라이들의 대도, 징기스칸의 만도 등 세상의 칼들이 밖을 향해 날을 세웠다면 두 뼘 남짓한 길이의 장도는 나를 향해 날을 벼린다. 책을 가까이 한 옛 선비들이 몸을 지키기 위해 마음결을 다스리기 위해 만든 자기성찰의 칼이다.

대나무 마디에 수천 자의 글귀와 문양을 새기는 과정 자체가 지난하기에 낙죽은 스스로를 단련시키는 고행이다. 과하지도 약하지도 않게 인두의 화기를 감지해 강약을 조절해야 한다. 인두를 잡은 손과 몸의 미세한 움직임으로 써 내려가다 보니 무념무상의 상태에서 가능한 일이다. 만든 이의 혼이 장도에 깃들고 뭉툭한 인두가 피운 글귀들이 선비의 몸에 체득된다.

도포 자락에 장도를 지닌 채, 호롱불 아래서 눈을 감고 한시를 외웠을 선비가 떠오른다. 어둠이 깊어질수록 글귀가 농익고 오밀조밀한 문양이 각인된다. 선비는 칼날을 닦으며 내면의 표식으로 삼는다. 아슴아슴 돋아나는 양의 기운으로 음의 기운을 상쇄시키고 욕망에 물든 마음을 곧게 펴서 바로 잡는다. 이제껏 한 번도 본 적 없었던 칼의 존재감에 장도를 가만히 들여다본다.

유리벽 너머에 명암이 드리워지자 칼날이 능실거린다. 현생인류인 호모 사피엔스들이 무리를 이루고 굶주림을 해결하기 위해 돌칼을 만든 게 칼의 시초였다. 짐승과 물고기를 잡는 야생의 소리, 바람을 가르는 거친 소리, 광활한 대지 위를 표류하는 소리, 생을 영위하기 위한 둔탁한 소리는 인류 최초의 칼의 소리였다. 세기(世紀)가 흐르면서 본성을 거스른 야욕이 칼날에 압착되어 갔다. 서슬 퍼런 칼날은 수백 겹의 철벽으로 퇴화된 시간을 가둬두고 있었다. 약한 자를 누르는 힘이고 강한 자를 더욱 강하게 만드는 습성은 단면에 불과하다. 저를 위해서라면 강철과 연철이 뒤섞이는 혼란도 주저하지 않았다. 영욕에 사로잡혀 천도가 넘는 불길도 마다하지 않았다. 수천 번의 망치질을 통해 얻어낸 현란함은 끝까지 내려놓지 못하는 집착이었다.

온몸에 낙인을 짊어진 채 극악한 칼날을 품은 대나무. 대숲의 바람으로 생장점을 키워낸 대나무는 한 자루의 장도가 되기까지 자그마치 십여 년의 세월을 인내한다. 칼날을 지지하기 위해 흠이 없고 단단한 대나무를 채취한다. 그늘에서 뒤집어가며 건조하다 보면 벌레가 먹기도 하고 터지기도 한다. 그렇게 오랜 시간을 두고, 잘 마른 대나무를 골라 중간 부분을 자른다. 칼날이 들어갈 수 있도록 속을 뚫고 칼몸을 고정시키기 위해 소나무를 채워 넣는다. 천 년을 간다는 부레풀로 소뼈와 먹감나무를 붙이면 비로소 칼집과 칼자루가 완성된다.

칼의 뼈대가 완성된 후 칼과 칼집의 만남은 장도를 아우르는 구심점이 된다. 포악스러운 칼날을 상쇄시키며 사색에 잠겨 있는 낙죽장도. 먼 시대를 내려온 불꽃 튀는 언어들이 묵직하다. 무언의 가르침을 설파하는 고동 소리가 둔중하다.

온갖 검이 난무하는 시대 속에서 살아남은 낙죽장도의 생명력이 내 안으로 흘러들어온다.

지난날, 손톱만 한 생채기에 배반이라도 당한 듯한 아픔을 느끼며 독기를 키워왔다. 내면으로 깊어질 줄 모르고 얄팍하기만 한 사유로 보듬어 내지 못했다. 팍팍해진 가슴은 내어놓지를 못해 스스로를 결핍에 들게 했다. 삶의 구심점이 없었던 탓이다.

옛 선비들처럼 나 또한 장도를 만들며 수행에 전념해 볼 일이다. 불과 철을 다스린 장인의 혼으로 오로지 한길 밖에 모르는 장도의 우직함으로 몸을 바로 세울 것이다. 숱한 담금질로, 어긋나 있던 삶의 마디를 바로 하면 옭아맨 굴레에서 벗어날 것이다. 음지의 힘을 무력화시키는 낙죽장도의 어법으로 한결 초연해지리라.

한 자루의 낙죽장도에 새겨진 칼의 문명이 태고 시절의 기억을 전하며 일렁인다. 더없이 찬연한 숨결이 한동안 나를 붙잡고 놔 주지 않을 듯하다.

―『선수필』 2020. 여름호

소금

한 톨이라고 우습게 보지 마시라. 등금장수의 등에 업혀 대동여지도에도 없는 소금 길을 냈다. 사하라 사막을 가로지르고 차마고도를 건너 처처를 누볐다. 산이라고 못 이룰까. 고무래로 밀고 당겨지며 첩첩이 산을 쌓았다.

태초부터 내려왔으니 먹지 않은 자가 없고 취하지 않은 자가 없다. 그러니까 시대를 내려온 가장 오래된 맛이다. 너른 바다를 응축한 한 알로 짠맛을 보시하며 무미건조한 세상에 간을 쳐왔다.

조미란 호락호락하지 않다. 미각을 주름잡기 위해선 어두컴컴한 구석에 내박치는 일쯤은 각오해야 한다. 주둥이가 묶인 자루 속에 갇혀 쓴맛이 빠질 때까지 지루한 시간을 견뎌낸다. 뙤약볕에 몸을 데우고 오가는 바람의 담금질로 맺힌 알갱이의 자긍심을 잊지 않기 위해, 똑똑 떨어지는 간수 소리를 경전 삼아 '나는 소금이다. 나는 소금이다'를 외친다.

막막한 시간을 돌아 보송해졌건만 짜다는 세상의 천대는 숙명이다. 단맛에 밀리고 담백한 맛에 떠밀려 찬장의 구석진 곳에 유배될지도 모른다. 허나 지탄에 기죽지 않아야 진정한 맛으로 거듭날 수 있다. 몸값을 올리는 일은 스스로를 낮추는 일뿐이다. 양념이 아닌 허드렛일도 기꺼이 감수한다. 할복한 고등어와 삼치 뱃속에 뛰어들어 부패를 막고 비린내를 잡는다. 새우젓을 삭히기 위해 토굴 속에서 속절없이 세월을 보낸다. 갯벌의 구멍에 투하되어 맛조개를 유인하는 일도 마다치 않는다. 장롱이나 구석진 곳에 뿌려져 출몰하는 개미들을 살생한다. 뜨거운 프라이팬에 올라 기름기를 제거하기도 한다. 소듐이온 배터리로 전자 문명과 상생하기도 한다.

이도 저도 아닌 어깃장이 놓고 싶어질 땐, 짠 기로 승부수를 띄운다. 제아무리 억센 푸성귀인들 한 움큼의 소금 앞에서는 맥을 못 춘다. 배어든 간기로 물기를 잃고 축 늘어진다. 땅심을 믿고 뻗대던 성깔이 숨이 죽는다. 이때쯤 저들을 통째로 뒤집어 기세를 꺾어버린다. 완력 한 번 쓰지 않고 막후에서 전세를 역전시킨다.

더러는 역경을 이겨내는 이들의 고난을 하얀 꽃으로 피운다. 이마에 목덜미에 등줄기에 몸 곳곳에 소금꽃을 피우며 근면 성실의 표상으로 불렸다. 응당 갖춰야 할 향기는 없지만, 단맛 신맛 쓴맛 등 어떤 맛도 피우지 못하는 꽃이니 자부심을 품어도 좋으리.

억척의 맛이라고 감칠맛을 모를까. 소금은 제각각의 맛이 깊이를 더하고 우러날 수 있도록 든든히 받쳐주는 들무새다. 쓴맛을 절제하고 단맛의 균형을 잡아 풍미를 보탠다. 제맛 하나 내기에도 바쁜 세상, 식자재에서 각각의 맛을 끌어내 버무려내는 조력자다. 맛의 궁합을 조율하는 수모로, 요리의 동지로 종횡무진 누빈다.

소금의 참맛은 찬밥을 물에 말아 소금장을 곁들여 먹을 때이다. 며칠간 야근으로 입맛이 천리만리 달아난 이즈음이었다. 몇 가지 찬을 눈앞에 두고도 젓가락은 소금 종지를 오갔다. 팍팍한 일상으로 방전된 피로감은 야들한 육질과 담백한 살점, 신선한 푸성귀를 거부했다. 수많은 맛으로 도배된 미각은 헛헛해진 속을 달랠 무언가를 찾고 있었다. 젓가락으로 집어 든 몇 알의 소금이 열기가 식어 언제고 퇴출당할 찬밥의 위기를 궁굴렸다. 찰기가 사라진 밥알에 따라붙은 간기로 찬밥은 씹어 삼킬만했다. 소금의 짭짜름한 맛이 부대끼는 속내를 가라앉혔다. 끌탕으로 무기력해진 속에 흘러드는 짠맛이 지친 기운을 일깨웠다.

어찌 보면 소금에 끌리는 게 당연하다. 소금물에서 태어나 일생 몸 안에 소금을 쟁여놓아야 하는 게 인간의 숙명이기 때문이다. 소금에 절인 오이지로 무서운 여름을 견뎠다는 소설가 김훈처럼 소금이 있어 우리네 생은 드라마틱하다. 생의 염천을 건너고 비린 시간을 가라앉히기 위해선 종종 소금을 쳐야 한다. 거친 세파의 소금기로 대책 없이 쪼그라들기도 하고 머금은 염기를 뱉어내기 위해 하염없이 물에 떠다니기도 하지만 절여지고 내뱉으며 삶의 농도를 맞추는 게 한살이일 터이다.

이제껏 소금에 기대온 시간을 생각한다. 맹탕 같은 국물에 뛰어든 반 스푼의 소금 덕분에 어수룩하게나마 부엌데기 노릇을 해왔다. 마음의 깊이가 얕아 수시로 요동치던 속내는 한 꼬집의 소금이 부려놓는 감칠맛에 잦아들곤 했다. 복병처럼 마주치는 쓴맛, 무작정 현혹시키는 단맛, 눈을 질끈 감게 만드는 신맛 같이 들썩거리는 세상일을 잠재우는 데 소금만 한 게 있을까.

각지고 뭉툭한 소금을 바라본다. 무색무취로 존재를 드러내지 않으면서 비루한 세상에 간을 맞춰온 알알의 경전을 새긴다. 산그림자가 눕는 저물녘, 소금과 독대하며 얻은 귀한 말씀 몸 안에 모신다. 녹아드는 맛을 천천히 음미한다.

—『수필과비평』 2023.8

볍씨

한 톨의 낟알이 숨을 고르고 있다. 수천 년이 응축된 깊고 고요한 숨이다. 숨 속에 담지된 여러 겹의 시간이 허공을 감싸며 일렁인다. 삶과 죽음의 경계를 벗어난 탓일까. 묵연한 자태가 풀어놓은 절대 고요에 사방이 말간 빛깔로 물들어간다. 저토록 작디작은 몸 안에 생명을 궁굴려 문명을 잉태했다니. 거친 수피를 몸에 두른 것도 아니고 질긴 뿌리도 없이 세상을 읽어낸 씨앗의 몸짓이 담담하다. 타원체에 깃든 볍씨의 생명살이가 웅숭깊기만 하다.

씨앗의 희망을 찾아 나선 길이다. 신석기 시대의 비밀을 간직한 고양가와지볍씨 박물관이다. 오천 년 전에 태동한 볍씨의 체온이 살아있는 곳. 가녀린 껍질에 햇살과 바람의 숨을 들여 맥박을 일으킨 알곡을 들여다볼 수 있는 곳. 영혼 가진 모든 이에게 충만함을 주었을 미립자들이 역사라는 이름으로 남아 있는 곳이다.

흐르는 시간은 흔적을 남기기 마련이다. 지난 페이지를 들춰보는 건 촘촘히 엮인 낱장의 기록이 주는 진리를 통해 앞으로 나아갈 이정표를 세우는 일이지 싶다. 앞서간 이들이 다른 이들에게 들려주는 전언은 이울어본 자만이 건넬 수 있는 삶의 이치가 아니겠는가. 오천 년을 뛰어넘었음에도 낡삭은 데라곤 찾아볼 수 없는 볍씨에서 그의 언어를 듣고자 함이다.

원시 시절, 어둠 속 깊은 토탄층에 웅크리고 있던 볍씨. 줄기에서 떨어진 볍씨 한 톨이 스며든 곳은 숨결이 흐르지 않는 암흑이었다. 해도 달도 들지 않는 미로 같은 곳에서 길을 찾지는 않았을까. 더듬어 보아도 붙잡을 데 없는 막막함이 두렵지는 않았을까. 천이백 년을 잠들었다 꽃을 피운 연꽃 씨앗이나 이천 년 된 대추야자 씨가 움을 틔운 것처럼 생명의 뿌리에 비끄러매져 있는 불멸을 꿈꾸었을지도 모르겠다.

하여 땅속에 파묻혀 영원성을 탁마하길 몇백 년, 몸에 새겨진 자취를 전하기 위해 또 몇천 년을 묵었다. 오랜 시간 수많은 발자국에 눌려온 씨앗은 부풀어 오르는 흙의 기운에 달뜨기도 했을 것이다. 어스레한 달빛에 젖어 들며 이슬 꽃을 피우고도 싶었다. 저 너며 땅속을 흐르는 청아한 물소리에 귀 기울이며 깨달음을 얻기 위한 사유에 들기도 했다. 속살을 허물며 피워 올리고 싶었던 생의 불길을 잠재운 건 잊혀간 과거의 문양을 전하기 위함이었다. 문명의 불씨가 되어 연대기를 이룬 존재의 기억, 퇴적된 시간만큼 켜켜이 쌓인 그만의 지문으로 덧칠했을 문명이 거대한 세상을 이룬다.

오십억 년을 내려온 이 별에 씨앗이 그려놓은 생의 무늬가 가붓이 떠오른다. 숨결이 녹아든 궤적을 따라간다. 순간이었을까. 씨앗에 박힌 기억의 알갱이들이 서걱거리며 일어선다. 들고 나는 숨들이 쿨렁거리며 아우성치는 소리가 들려온다. 메마른 황무지가 서로를 물어뜯는 살기 띤 것들의 이빨과 발톱에 핏빛으로 물들어가는 소리, 발을 구르며 이동하는 동물들이 천지를 울리는 소리, 다 자란 식물들을 훑고 닥치는 대로 약탈하고 포식하기만 했던 원시인들의 광포한 소리가 포효한다. 주린 배를 채우고자 하는 욕구와 살기 위한 버둥거림, 진저리치는 맹렬함으로 뒤덮인 들판이 눈앞에 펼쳐지며 온몸의 감각을 전율케 한다.

태초의 생명이 검푸른 대양에서 눈을 뜬 이후, 살고자 하는 본능은 한순간도 고여 있지 않았다. 뚝뚝 떨어지는 대평원의 빗방울에 실려 끊임없이 울어대는 새소리를 타고, 동굴을 나서던 원시인의 발자국을 따라 뭇 생명들의 야성을 불러냈다. 척박한 대지에 발을 딛고 생존하기 위한 야성은 정복을 낳고, 정복은 혈전을 불러

일으켰다. 네가 죽어야 내가 사는 정복만이 살 길이었다. 널브러진 사체를 밟고 넘어 쫓고 쫓기는 추격이 벌어졌다. 누군가는 숨기 위해 어둠을 찾고 또 누군가는 저항하기 위해 어둠에 묻혀 들었다. 생의 절박함은 죽은 생명 위에 새 생명을 겹치게 했다. 폭풍우가 휩쓸고 간 조각 땅에도 목숨을 부려놓았다. 어미 잃은 어린 피의 심장은 이름 모를 짐승의 피와 살이 되어 갔다. 미지의 운명 속으로 떠밀린 목숨붙이들이 천 갈래 만 갈래로 흩어지며 소용돌이치고 있음이다.

수백만 년 전의 빛과 원시세포들이 온몸으로 부딪쳐오는 파동들. 시대를 내려온 생명체들의 환희와 비애 희망과 절망들. 산 것들의 떨림과 스러지는 것들의 덧없음. 까마득한 곳에서 건너온 처절한 눈빛들. 회오리 안에 가둠을 당한 나는 길을 잃고 문맹자가 되어 버린다.

부서져 내리는 기억의 파편들이 정점을 이루는 순간, 더는 참을 수 없다는 듯 씨앗 하나가 용솟음친다. 끌어안아야 할 가슴들의 호흡을 받아들이며 미립자의 꿈을 담은 영혼이 움을 틔운다. 한 뼘의 땅이라도 좋다. 뿌리를 내리고 줄기를 밀어 올리며 여물기 위해 가만가만 숨을 죽이며 있었을 테다. 한 줌의 햇볕을 받기 위해 고개를 치켜들고 비바람에 꺾이지 않기 위해 흔들리며 안간힘을 쓴다. 시대의 기억을 전하기 위해 낱낱의 알곡들은 씨앗에서 씨앗으로 진화를 거듭한다.

문명의 정수는 오로지 볍씨 한 알이었다. 볍씨 한 톨에서 수백 수천의 알곡을 빚어내 빈곤으로 얼룩진 어둠에 빛을 비추었던 것이다. 씨벼의 숨구멍을 통해 들려오는 박동 소리는 초록의 힘으로 육지를 일어서게 하고 와글거리는 소리로 푸른 바다를 채웠다. 타락한 상처 위로 눈물 돌 듯 온기가 돌자 산 것들의 독기는 사라져 갔다. 무의미한 쟁투의 굴레를 벗어난 곳곳에 생명의 기운이 녹아든 것이다.

천상의 기운으로 종자를 키워 무리의 살과 뼈가 되어주고 떠돌던 영혼들의 안식처가 됐던 지상의 지주, 사냥꾼에 불과했던 인류에게 경작자의 꿈을 심어 준 문명의 창시자. 시간과 공간을 넘어 인류의 족적을 써 내려간 작은 한 톨에 담긴 세상이 무한대로 뻗어나간다. 역사의 마디에 새겨놓은 오롯한 흔적들이 눈부시다.

수만 년, 수억 년 후에 발아한 볍씨가 지금 이곳에 서 있었던 내 모습까지도 전해 줄 것만 같다. 가없는 생명력을 품고 무수한 날을 기다린 볍씨의 태동 속에 내가 있고 우리가 있다. 내가 그들이 되고 그들이 내가 되어 우주 안에서 출렁인다.

—『수필과비평』 2018.3

다리를 말하다

수많은 다리가 세상을 이어간다. 세월을 건너고 몸통을 떠받치고 하중을 견디며 그어온 궤적이 아득하다. 지나온 다리와 지금의 다리와 건너게 될 다리의 사연을 생각한다. 언제까지 이어질 다리에 서서 마음도 걸쳐본다. 둥실 떠올라 구름다리를 건너고 돌다리를 거닐며 삶의 의미를 되새기는 것도 좋으리. 숱한 나날 함께 할 다리에 대해 사색에 잠긴다.

늙다리

섧다. 생을 한 바퀴 돌아 얻어진다. 귀에서 귀뚜라미가 울어대고 무릎에선 관절끼리 부딪친다. 젊음이 다녀간 흔적으로 구부정해진다. 소멸을 향해 가는 것도 마뜩잖은데 늙다리라니. 곰삭은 시간으로 깊고 먼 눈빛을 지니면 어르신이요, 궁색 맞은 행색으로 절룩거리면 늙다리다. 어쩌면 노인이나 고령자라는 말은 늙다리의 존칭어일지 모른다.

푸른 숨이 쇠잔해지고 기력이 다해 늙고 병드는 것은 정해진 이치일 터, 삶의 중력을 이기고 늙다리가 되지 않을 자 그 누구인가.

무다리

콤플렉스다. 체형은 보통인데 유독 종아리만 굵다. 생전 치마를 입어본 기억이 별로 없다. 누가 눈치 주는 것도 아닌데 움츠러든다. 허나 언제부터인가 튼실한 종아리는 건강의 지표가 됐다. 날씬하기보단 종아리 둘레를 키워 심장 펌프의 기능을 좋게 하라는 거다. 제법 딴딴한 종아리를 내놓아도 부끄럽지 않게 됐다.

상다리

상다리가 휘어지는 일은 없었다. 어렸을 적 밥상에 찬이라곤 김치 고추장 마른 멸치가 다였으니 상이 그득해지는 일은 애초에 불가능했다. 둥근 상에 붙어있는 세 개의 다리는 찬장 위에 엎드려 있다가 밥때가 되면 대강 폈다 접기만 하면 될 일이었다. 떠받치느라 무겁지도, 이리저리 나르느라 부산하지도 않았다. 고단한 세상, 가난한 집에 들어와 외려 빈둥거리기는 상다리는 상팔자(上八字)였다.

식탁다리

부엌이 주방으로 바뀌고 상다리 대신 식탁다리가 들어앉았다. 사시사철 따스하고 은은한 조명을 받는 곳에서 식탁의 상판을 떠받드느라 후들거렸다. 한번 자리 잡으면 붙박이 신세인지라 곁눈질할 수도 없다. 식탁 위엔 꽃이 담긴 화병이 놓이고 향긋한 내음을 풍기는 모과가 시선을 잡아끌지만 식탁다리 위론 먼지만 수북하게 쌓일 뿐이다. 안온한 곳이면 무엇하리. 시간의 티끌만 뒤집어쓰고 있는걸. 이럴 바에는 게으름 피우던 왕년의 상다리가 나을 뻔했다.

안경다리

나와 세상을 이어주는 다리다. 나열된 활자들을 오독하거나 바닥에 매복한 허방을 딛지 않기 위해 귀에 걸친다. 더러는 야구모자의 무게에 눌리고 마스크의 끈에 엉키기도 하지만 한시도 떼어 놓을 수 없다. 안경다리와 지구의 중력에 저항하는 몸의 다리가 일심동체가 되어 오롯이 하루를 살아낸다.

징검다리

쏟아지는 장대비에 퉁퉁 불어도 이쪽과 저쪽을 잇기 위해 뿌리를 거둬들이지 않았다. 누군가는 읍내에 가기 위해, 누군가는 대처로 나가기 위해, 누군가는 실패한 타향살이를 접고 고향에 돌아오기 위해 다리를 건넌다. 수많은 누군가의 삶이 다리를 오가며 흘러간다. 교각이 들어서자 징검다리는 속절없이 무너졌다. 함께 사라진 풋풋한 시절의 정서가 아슴푸레하다.

출렁다리

저마다의 시선과 소리가 엉킨다. 수면 위로 비쳐드는 불빛도 요란하다. 운집한 사람들로 다리가 흔들릴 때마다 환호성이 높아진다. 겁에 질린 외침마저 분위기를 돋운다. 생은 흔들리지 말아야 하지만 여기서는 출렁여야 제맛이다. 연인은 손을 맞잡고, 꼬마는 엄마 품에 안겨, 고령자는 자식의 부축을 받으며 다리를 건넌다.

무릇 뒤채고 흔들려야 생동한다. 발 없는 씨앗이 후대를 기약하기 위해 바람에 흩날리듯, 풀꽃들은 벌 나비를 불러 모으기 위해 몸을 뉘고 흐느적거린다. 호수의 물은 바람을 타고 살랑거린다. 쉼 없이 살아 숨 쉰다.

산다는 건 요동치는 세상사를 견디는 일이라지만, 출렁다리에서는 맘껏 들썩거려 볼 일이다. 흔들리며 흥감에 젖어 들지어다.

– 『한국문학인』 2022. 겨울호

2장

뒷모습을 읽다

반죽

수없이 반복해야 한다. 희망에 부풀고 절망에 주저앉으면서도 끝까지 놓지 말아야 한다. 인연의 고리 만들기가 어디 쉽더냐. 뭉치고 치대고 끊어지며 나름의 결을 만들어 가는 것, 하나의 숨구멍으로 호흡하는 살갗을 만들어가는 것. 이해관계를 셈하지 않고 온 가슴으로 서로를 받아들여야 함이다. 풀어질 수 없는 끈끈함과 퍼질 수 없는 찰기가 세상을 살아가는 이치일 테다.

온전히 하나 됨만이 농익은 맛을 낼 수 있다. 웃자란 풀이 풋내를 풍기듯 미숙함은 풋 맛을 주고 지나침은 신맛을 낸다. 수백 겹의 인내심으로 이루어진 파이의 결들이 내뱉는 향에 환호하고 촉촉한 식빵이 주는 담백함에 젖어 들지니. 살갗이 찢어지는 고통으로 겹겹의 밀푀유를 만들듯이 치열하게 치댄 시간만이 우리가 지닌 오묘한 매력을 발산할 수 있다.

덩어리진 모양이 심심하다고 뼈와 근육이 없는 건 아니다. 바삭한 껍질에 부드러운 속살, 부드러운 껍질에 쫄깃한 속살은 시간과 정성으로 엮어 놓은 뼈대와 살의 조화다. 이 험난한 세상, 누군들 각을 세우고 싶지 않으리. 파도의 힘으로 지워진 모서리를 가진 몽돌처럼 손끝의 온기로 어르고 달랜 몽글함이 모난 마음을 잡아준다.

순백의 여정이기에 모든 걸 받아들인다. 짓눌리고 패대기 당해도 과거의 흔적들은 두고 왔으니 담담하다. 하늘로 뻗어나가는 밀에 담긴 초록의 기억은 밀밭에 두고 왔다. 소금에 밴 갯내음은 염전에서 말리고 왔다. 사탕수수밭의 단내 어린 설탕의 열기는 모두 지우고 왔다. 깃털 빠지며 날아오르려 했던 알의 전생은 추억일 뿐이다. 실오라기 하나 걸치지 않은 희디흰 순수함으로 칼집의 상처 낸 쓰라림도 네모반듯한 틀에 갇힌 고독함도 생크림의 달달함에도 견뎌낼 지층이 된다.

반죽이 되어봐야 알 일이었다. 과거의 무늬를 지우고 만난 질료들이 엮여 있는 덩어리. 한데 뒤섞인 당황스러움은 잠시 잠깐이다. 밀고 당기기의 맹랑함에 첫낯의 서먹함은 사라지고 접고 접히는 층 속에 앞날에 대한 기대감이 서린다. 앞서거니 뒤서거니 서로에게 타협하느라 엉겨 붙은 마음들이 두들기는 손놀림에 한숨이 되어 새어 나오기도 하지만 감겨오는 매끈함에 이내 한 덩어리가 된다. 어우러지는 시간 속에 소란은 무화되어 가고 스며든 영혼들이 깊이를 더하는 시간이다.

'반죽에 담은 내 마음이 빵의 영혼이 됩니다.'

빵을 사기 위해 들른 어느 빵집의 창가에 붙어 있던 문구다. 글귀는 천천히 씹고 음미할수록 살아나는 풍미가 되어 내내 맴돈다. 마음을 담는다는 거, 영혼이 된다는 거. 가장 단순하면서 소박한 마음이 맛을 만들고 그 기억이 영혼을 적시는 게 아닐는지. 겉이 속이 되고 속이 겉이 되는 반죽처럼 포개지면서 비운 마음들이 영혼이라는 이름을 얻게 되는 건 아닌지.

껍질과 속살의 차이는 한 겹, 겉장과 속장의 차이는 종이 한 장이다. 두터운 빵 껍질보다는 부드러운 속이 좋았다. 너덜거리는 겉장보다는 빳빳한 속장이 좋았다. 팍팍한 현실에 내 최선은 겉이 아니라 속이 되는 것이었다. 중심이 되기 위해 번화가로 거처를 옮기고, 친목 모임을 위해 필요 이상의 비용을 지출한 것도 그 때문이었는지 모른다. 온도와 습기에 따라 질척거리거나 마르는 껍질이 아닌, 촉촉함을 유지하는 속살에 길들여지기 위해 구분하고 경계하며 섞여들길 거부했다.

주물러지면서 겉과 속이 바뀌는 반죽, 겉장을 뜯어내면 속장이 겉장이 되고 겉장에 표지를 씌우면 속장이 되는 걸 몰랐던 거다. 물기를 만나 풀어진 입자들이 안과 밖을 가리지 않고 바람 들 듯 드나들어야 탄력과 유연성을 가진 반죽으로 뭉쳐지게 된다. 말랑함을 가지지 못한 반죽은 발효나 굽기가 모두 매끄럽지 못하게 된다.

사는 일 또한 그러하다. 겉과 속을 터놓고 온몸으로 받아들여 마음을 내줄 때, 인생의 많은 일은 매듭을 풀고 가치를 더한다. 유약이 발라져 매끄러운 윗면과 바르지 않아 거칠고 투박한 밑면을 가진 도자기 접시가 감성을 더하듯 서로 다른 질감을 가진 겉과 속의 조화로운 마음이 살아가는 지혜다.

지난날, 테두리 안에 가두고자 했던 내 삶은 마음이 없는 뭉개진 반죽이었다. 언제부터인가 열의가 사라진 것이다. 소박함에 냉소를 던지는 현실 때문이었을 수도 있고 정서를 느끼며 살아가기엔 일상이 건조했기 때문일 수도 있다.

마음을 찾기 위해 다시 반죽을 한다. 비 오는 날에는 커피 한 잔과 어울리는 모카빵 반죽을, 눈 오는 날은 떠오르는 추억과 함께할 크림빵 반죽을, 캔 맥주를 마시고 싶을 만큼 햇볕 쨍쨍한 날에는 바게트 반죽을, 누군가와 함께하고 싶은 날에는 달달한 머핀 반죽을, 사는 게 버석거릴 때 반죽과 독대하며 올라오는 감정들을 음미해 봐도 좋지 않겠는가.

반죽을 끝낸 마음이 적당한 빛깔과 향기로 익어갈 때 내 일상 또한 여물어 갈 것이다. 나다움을 찾고 마음이 차오르길 기다린다.

—『좋은수필』 2019.1

멍석

가을로 온 작물들이 멍석에 부려졌다. 알싸한 태양초로 거듭나기 위해 고추가 제 속으로 햇살을 굴린다. 상수리는 한 자밤의 바람에 몸을 맡긴 채 부피를 줄인다. 짓찧어져 가루가 될지언정 쌉싸래한 맛을 남기고자 껍질을 떠나보낼 준비 중이다. 거둬들인 낟알들은 밀고 당기는 고무래질에 엎치락뒤치락 말라간다. 네모반듯한 두부로 세상을 물컹하게 읽고 아삭한 콩나물로 식탁을 장악하려는 콩들이 뒤섞여 소란스럽기까지 하다.

여물고 나서도 물기를 내놓으며 단단해져야 된바람에도 성할 터이다. 저들이 짓무르지 않도록 멍석이 볕살을 당기고 바람을 불러들인다. 엎어지고 뒹굴며 맘껏 널브러지도록 바닥에 묵묵히 깔려있다. 더러는 곳간으로 들이지 못한 곡식을 덮는 이불자락으로 밤새 한뎃잠을 잔다. 헛간 귀퉁이에 세워지는 날엔 쥐들이 드나들며 쏠아놓기도 한다. 땅에 쓸려 헤지고 나달거리는 행색으로 기꺼이 맨땅에 깔리는 멍석이 늡늡하다.

처마 밑에 매달린 멍석을 만났다. 숱하게 알갱이를 들이느라 몸뚱이 삭는 줄 몰랐을까. 거무튀튀한 몸피 사이로 둘둘 말린 사연이 흘러나온다. 마당에 펼쳐져 곤궁하면 곤궁한 대로 그득하면 그득한 대로 그러안는 품새가 넉넉하다. 젖은 속내를 내보이면 금세 부숭부숭하게 말려 줄 것만 같다. 한여름 폭우에 시달린 나락의 거친 숨결이, 긴 가뭄으로 약이 오른 고추의 옹고집이 멍석의 품에서 잦아든다. 제각각 뱉어내는 푸념과 한숨들이 햇살에 버무려지고 바람에 내걸려 가벼워졌을 터이다. 열매들이 제 몸 추슬러 말간 낯빛으로 정돈되길, 그저 보듬고 기다려주는 멍석이 살갑다.

가까이 다가가자 묵은 세월 탓인지 쿰쿰한 냄새가 끼쳐온다. 더러는 똬리처럼 머리 위에 올라앉아 논으로 밭으로 세상 구경 나서고 싶지 않았을까. 감자며 고구마며 곡물을 내어주는 둥구미로 거들먹거리고 싶었겠지. 유유자적을 일삼다 추수철이 되면 배를 불리는 가마니의 한량 노릇이 부러웠을 테다. 속내를 짐작하느라 한참을 바라본다.

가만히 손으로 쓸어본다. 까끌하다. 보드랍지는 않지만 묻어나는 촌스러움이 질박하다. 아라베스크의 카펫처럼 무언가 묻힐까 조심할 필요가 없다. 흙이나 검불을 들여도 개의치 않는다. 퍼질러 앉거나 드러누워도 좋을 편안함이 있다.

한 겹 한 겹 밀려드는 어둠 속에서 등을 눕힐 멍석이 있다는 건 얼마나 다행한 일인가. 멍석에 누우면 신산했던 하루가 저만치 밀려난다. 개밥바라기가 고달픈 하루에 접질려 비틀거리는 마음을 마중하고 풀어음이 맥을 못 춰 부대끼는 숨을 가라앉힌다. 모깃불의 매캐한 냄새가 몸 안의 지친 기운을 쓸어낼 무렵, 고운 달빛에 취해 설핏 잠이 들어도 좋으리.

내게도 온몸을 내어주는 멍석이 있다. 종종거리며 복닥거리는 일상을 마무리하는 저물녘이면 나른해진다. 나를 잊고 일에 빠져 있느라 늘어지기 일쑤다. 근무를 마치고 집에 들어서자마자 처진 어깨를 그의 가슴팍에 기댄 채 숨을 고른다. 머릿속을 누르는 걱정거리를 풀어헤치고 고된 노동으로 채운 일과를 들추며 버겁다고 주절거린다. 빗장을 내건 아이들에 대한 푸념 섞인 원망도 꺼내놓는다. 이런저런 일로 성토하는 나를, 그는 언제나처럼 별말 없이 감싸준다. 토닥이는 몸짓에 엉킨 속내가 풀어지고 전해져 오는 체온으로 잠시 한잠에 빠지기도 한다.

그의 품에서는 등을 대고 뒤척이면 그만이다. 포기와 체념이 흐르는 바닥의 시간도, 엎어지고 뒤집히는 감정의 너울도, 이런저런 잡사에 요동치는 생의 굴곡도 잔잔해진다. 독백처럼 쏟아내는 상처들이 무르지 않도록, 한 닢 두 닢 쉼 없이 펼쳐지는 그의 자리가 넓디넓다.

아버지를 병원에 모신 이즈음, 하루하루가 버거웠다. 오랜 기간 알코올로 병증이 깊어져 치료가 시급하건만 아버지 동기간들이 수시로 들쑤셔댔다. 멀쩡한 사람을 가뒀다면서 모진 말로 속을 헤집어 놨다. 병원에서는 형제들의 항의로 업무를 볼 수 없다며 보호자인 내게 연락을 자제시켜 달라 요청했다. 툭하면 다른 환자들과 시비가 붙는 아버지와 다달이 결제해야 하는 병원비에 따지고 훈계하는 친척들로 내 속은 말이 아니었다.

연일 야근으로 날밤을 새우는 남편에겐 차마 얘기할 수 없었다. 한참 학업 중인 아이들 뒷바라지로 해쓱해졌기 때문이다. 피곤한 몸으로 퇴근 후 자취방을 구해달라는 아이와 입씨름을 벌이던 날이었다. 저녁상을 차려놓고 남편을 부르니 대답이 없어 안방 문을 열었다. 순간 그의 목소리가 들려왔다. "자식인 저희가 알아서 하겠습니다. 더는 개입하지 말아 주십시오." 남편이 이래라저래라 참견하는 아버지 형제와 통화 중이었다. 몇 날 며칠 속앓이하는 나를 눈치챘나 보다. 그가 나서서 쐐기를 박는다. 단호한 목소리로 들썩이는 소란통을 잠재운다. 잠시 후 통화를 끝낸 남편이 방에서 나와 아무 일 없다는 듯이 식탁에 앉아 수저를 든다. 모르는 척 말없이 헤아려주는 마음 씀씀이가 내심 고마웠다. 파이고 생채기 난 가슴으로 스며드는 그의 침묵이 아늑했다.

그는 늘 맨 밑바닥에 깔려 냉기를 막아준다. 뙤약볕에 달궈진 마당이 지열로 성을 부리건, 땅 밑에서 올라온 습기로 땅거죽이 축축해졌건 멍석은 군말 없이 맨땅으로 출정한다. 제 몸 위에 얹어진 이들 안온하도록 흙바닥에서 올라오는 한기를 물리친다. 한데서 이슬이라도 맞을라치면, 온몸으로 엄호한다. 물기를 끌어안은 채 도포 자락 두르듯 뒤덮는다.

먹빛 어둠에 잠긴 그림자를 밀어낼 적에도, 드리워진 음습한 그늘을 몰아낼 적에도 그는 제 몸뚱이를 축내며 비릿한 시간을 건넌다. 배어드는 습기로 후줄근해지고 곰삭아 퇴색할지언정 온갖 비곤한 일상이 잦아들 때까지 포기하지 않는 사명이 묵중하다. 척박한 나날을 잇기 위해 수없이 말리고 풀리는 멍석. 썩어 문드러지도록 물기 마를 새 없이 펼쳐지며 헌신하는 그가 애잔하다.

그간 그에게 기대 온 날들이 스쳐 간다. 연로한 부모님의 병치레, 세상에 나갈 포부로 마음만 들뜬 아이들의 외고집, 살림에 태무심한 갱년기 주부의 무기력까지. 마음대로 내맡겨도 죄다 받아주는 멍석이 있어 여기까지 왔다. 난장질하듯 널려도 허물마저 덮어주니 세상 두려울 게 없다. 주린 가슴을 덥혀주고 다독여주는 이가 곁에 있다는 건 행복이다.

그러고 보면 누구나 맘속에 멍석 하나쯤은 지니고 있으리라. 오래된 기억을 지닌 흑백사진처럼 멍석은 무탈하기를 바라는 소망이 깃든 비손이다. 무수한 사연이 머무르며 쉬어가는 안식처로, 해감하듯 물기를 털어놓는 자리로, 음지를 걷어내는 멍석의 은유가 환하다. 무게를 덜어내어 저마다 생의 운율을 완성할 수 있도록, 장을 열어주는 멍석이 참하다.

멍석 위로 햇살이 내려앉는 고즈넉한 오후, 시나브로 고요가 덧칠한다. 계절 따라 무르익어 가는 풍경이 한없이 하뭇하다. 어디선가 불어오는 바람이 멍석의 내음을 실어 온다. 그의 체취가 살포시 감겨온다.

—『제15회 천강문학상 수상작품집』 2025.4

등

소리 한 톨 심을 수 없다. 손짓발짓 한 번 내두를 수 없는 불모지다. 발화하지 못하는 언어가 쌓이고 살아온 동선이 퇴적된 음지다. 등줄기의 음영이 드리워진 적막한 그곳.

궁굴리지 못한 이력이 박히지만 핏줄과 힘줄처럼 도드라지지 않는다. 휘젓고 내저을 수 있는 손과 발의 자유에 비해 등은 직립의 운명에 포박되어 있다. 기둥 노릇을 하는 척추가 있어 일생을 곧추 세운다. 휘어지고 틀어져서라도 넘어지지 않기 위해 바로 선다. 떠밀리고 나동그라져도 충격을 흡수하며 소명을 다한다.

떠받들어야 하는 천형으로 몸 한복판에 자리 잡았다. 목이 지탱하지 못해 넘어오는 머리의 무게는 온전히 등의 몫이다. 기우는 어깨를 지지하는 것도 등이다. 들거나 안을 수 없는 짐은 등이 짊어지고 걸머진다. 해가 이울 때까지 지워진 무게를 내려놓을 수도 없다. 종일 혹사당한 등을 바닥에 붙이고 나서야 숨을 돌릴 수 있다. 수직의 본성에서 이탈하지 않기 위해 헌신하는 등이 우직하다.

"아악"

"촘촘히도 뭉쳤네요."

외마디 비명이 터지고 뒤이어 치료사의 말이 들린다. 등을 누르고 주무를수록 크고 작은 신음이 흘러나온다.

긴장을 늦추지 못하고 살아온 탓일까. 언제부터인가 남편은 등이 아프다며 통증을 내비쳤다. 치료용 베드 위에 엎드린 등이 눈에 들어온다. 제 시간을 다 써 버린 듯 굴곡을 훤히 드러낸다. 나직한 구릉을 올려놓은 것처럼 수북하다. 등골을 경계로 한쪽은 비대칭을 이루며 튀어나와 있기까지 하다. 쉼 없이 같은 자세로 일하다 보니 남편의 등은 비정상적으로 굽고 휘었다.

처음 나를 업어주던 등은 반듯하고 매끈했다. 딱딱하지도 말랑하지도 않았다. 적당히 근육이 붙어 탄탄했다. 나만 믿으라며 등을 내주던 그가 듬직했다. 규칙적으로 들려오는 숨소리가 안온했다. 업혀 있으면 화르르 꽃물 번지는 봄날로 데려다 줄 것 같았다. 언제까지나 반드러울 줄만 알았다.

곧기만 했던 등 위로 세상 바람이 얹히자 휘청거렸다. 거래처에 배달을 나간 직원이 사고로 유명을 달리하자 남편은 도의적인 책임을 져야 했다. 남의 돈을 빌려 시작한 일이었으니 여유가 없었다. 어렵게 마련한 보금자리를 떠나 단칸방으로 옮겼다. 여름이면 지네가 출몰하고 겨울이면 곰팡이가 피는 낡은 집이었다. 벽 하나를 두고 길가의 차 소리와 발걸음 소리, 인기척이 들리는 집에서는 아무것도 할 수 없었다. 비바람이 몰아치는 날에는 휩쓸릴 것 같아 움츠러들었다. 함박눈이 쏟아지는 날에는 무너지지 않으려나 웅등그렸다.

나날의 노동으로 그는 부쩍 해쓱해졌다. 삶의 외곽으로 밀려나지 않기 위해 허위단심 애를 써 보지만 하루 벌어 하루 살아야 하는 부등가리살림이 그를 지치게 했다. 늦은 밤, 비틀거리는 걸음으로 집에 돌아온 날은 몸을 동그랗게 말고 잠이 들었다. 자면서도 짐을 내려놓지 못해 등을 펴지 못했다. 포물선을 그리는 모습을 보면서 나는 한 치의 틈도 내주지 않았다. 애당초 반대한 일을 벌인 대가라는 원망으로 그를 한껏 밀어냈다.

어스름이 걷히면 그는 욱신거리는 등을 이끌고 또 하루를 향해 나아갔다. 등에 들러붙은 남루를 뒤로한 채 삶의 중력에 맞섰다. 등짝을 따라 흐르는 소금기에 절여지고 배어든 한기에 서늘해질 때까지 온 기운을 소진했다. 별달리 나아질 기미가 보이지 않아도 흐트러짐 없이 버티는 건 허공을 들어 올려야 하는 등의 의무였는지 모른다.

허나 느닷없이 휘몰아치는 천둥벼락과 돌풍은 남편의 온몸을 훑으며 그간의 노력을 초토화시켰다.

자정이 가까워질 무렵, 남편은 오토바이에 시동을 걸었다. 식재료를 급히 요청하는 거래처의 주문을 맞추기 위해서였다. 태풍의 북상으로 도로는 휑했다. 회오리치는 강풍으로 가로수가 휘어지고 있었다. 요란하게 흔들리는 간판 위로 빗줄기가 퍼부어댔다. 쏟아지는 빗물을 맞으며 달리던 찰라 도시가 암흑에 들었다. 순간, 앞이 보이지 않아 공사 중이던 도로 턱에 부딪쳐 오토바이가 미끄러졌다. 엎어지고 뒹굴면서 남편은 갈비뼈가 부러지는 부상을 입었다.

응급실에 도착해보니 남편은 찢어진 옷을 감싼 채 웅크리고 있었다. 피떡이 진 이마며 여기저기 긁힌 상처로 힘든 기색이 역력했다. 골절된 갈비뼈의 통증으로 가쁜 숨을 몰아쉬었다. 구중궁궐 깊은 곳에서 속울음을 삼키는 이처럼 아픔을 참고 있는 그를 보자 목이 메었다. 삭혀낸 고통으로 시퍼렇게 얼룩진 등을 보고 나서야 그가 감당한 노역이 먹먹하게 다가왔다.

보이지 않는 몸의 뒤에 있어서 등에게 별반 관심을 두지 않았다. 한 번도 마음을 담아 쓸어주거나 보듬어 주지 못했다. 애당초 신이 부여한 널찍한 등짝은 스스로가 아닌, 이타를 위한 거라며 등의 노고를 당연시했다. 부러 내 짐까지 그의 등에 얹으며 짊어지길 강요하지 않았던가.

온몸의 감각을 등으로 모아온 시간들이었다. 칼날이 내리꽂힌다 한들 막을 방패 하나 없이 무방비 상태로 지탱해 왔다. 결리고 저릿한 통증이 더는 버거웠는지 남편의 등이 잔뜩 움츠러들었다. 숨쉬기조차 힘들어 생의(生意)를 상실한 것이다.

궁핍한 생을 떠받들어온 등이 낮아지자 육신은 힘을 쓰지 못했다. 늑골을 보호하기 위한 복대로 지지만 할 뿐, 어떤 조치도 할 수 없었다.

그간 등은 아둔하리만치 침묵을 지켜왔다. 한 번도 자신의 처지를 드러내거나 호소하지 않았다. 가슴벽락에서 슬픔이 무너지는 소리가 들리고 두 다리가 절망에 접질릴수록 직립의 갈망으로 곧추세웠다. 세파에 너덜거리는 가슴팍이 기댈 수 있게, 허기를 껴안아 오그라든 뱃가죽이 맞닿을 수 있게 부동의 자세를 지켜왔다. 기댈 곳도 물러설 수도 없는 벼랑에서 무게를 이겨가며 인생항로를 그려왔다. 굴러 떨어져도 살아남아야 할 생존본능으로 살얼음판을 건너고 육중한 힘으로 폭풍한설을 뚫었다.

육신의 후방이면서 생의 전방인 등. 수많은 소리를 삼키고 각인된 기억으로 능선을 그리는 접경지대다. 마른 이파리를 스치는 바람처럼 메마른 소리가 일어서고 허방 짚듯 푹 꺼지는 진동도 감지된다. 밀리고 쓸리느라 덧났을 마음이 고이고 바람 잘 날 없는 삶의 희로애락이 모여든다. 온갖 흔적으로 너덜해지고 비루해지는 생의 표지(表紙)다.

중중첩첩 등이 져 나른 고행으로 생 하나를 일으켰다. 등 너머를 꿈꾸며 숱하게 넘어섰기에 가족을 건사할 수 있었다. 불탄 자리에서 돋아나는 목숨처럼 거친 숨결을 여미고 황량한 벌판에 다시 서는 건, 나와 아이들의 등이 되기 위해서였으리라.

굽이굽이 견고해진 남편의 등을 바라본다. 굽은 등으로도 능히 세상사에 대처하는 그가 듬직하다. 기울어질 뿐, 무너지지 않을 단단한 성벽이다. 그의 등이 타전하는 강인함에 내 등을 맞대어 보리라.

기대고 싶은 그의 등 위로 잠시잠깐, 숨을 고르는 남편의 얼굴이 보인다. 편안한 미소가 비쳐든다.

–『수필과비평』 2020.5

열애 중

엊저녁에는 새벽 3시까지 같이 있었다. 다음날 출근해야 하는 나로서는 여간 곤혹스럽지 않다. 그럼에도 이불 속까지 따라 들어오려는 그를 말리느라 진이 다 빠졌다. 필시 내일 다크서클이 턱 밑에까지 내려와 몰골이 말이 아닐 것이다.

요즘 들어 그의 앙탈이 늘었다. 당신 체면이 있지, 왜 이리 야단이냐고 짜증을 부려도 나밖에 없다며 속닥거린다. 한 옥타브 올려 다그쳐도 끔벅끔벅 앉아 있기만 하니 되레 미안해진다.

누군가는 말한다. 행복에 겨운 소리라고. 물론, 일 년에 한 번 은하수 강을 건너야 만날 수 있는 견우와 직녀에 비하면 어느 때고 볼 수 있는 우리는 행복일 수 있다.

번잡스러운 하루에 지쳤거나 관계가 주는 피로에 우울이 바닥을 치면 슬며시 그가 내 옆으로 온다. 모과 향기 그득한 식탁에 연그레이톤 벽지의 은은한 분위기가 밴 흔들의자에, 부산함이 떠도는 낮에 실루엣이 살아나는 새벽녘에도 불쑥 찾아온다. 바람 따라 흔들리듯 빗줄기가 꽃잎 두드리듯 가만히 어깨를 내어준다. 기대어 칭얼거리기도 하고 졸린 눈 문지르며 은근히 내 입술을 갖다 대기도 한다.

그에게선 풀냄새가 난다. 습하지도 않고 메마르지도 않은 숨결이 좋다. 그를 보고 있자면 명주바람을 타고 벙글거리는 초록물처럼 싱그러움이 가슴을 타고 오른다. 때로는 격정적인 열정으로 때로는 이마를 맞대는 순수함으로 감동을 준다. 씀바귀를 씹는 쓴맛이었다가 달래 같은 알싸한 맛으로 유채의 단맛처럼 어디에도 얽매이지 않는 자유로운 영혼의 넘치는 생동감이 경이롭기만 하다.

마주 앉아 있으면 그는 내 안의 정체성을 찾으려 하고 나는 그의 본성을 찾기 위해 서로를 꿰뚫어 본다. 깊이 살아내지 못하고 넓게 마음 써 보지 못했으니 삼라만상을 아우르는 지혜를 갖춘 노련한 그에게 언제나 백전백패다. 얄팍한 속내로 그의 사유에 내 상념을 덧입혀 보기도 하지만 쭉정이처럼 가볍고 거스러미처럼 너덜거려 금방 들통이 난다. 존재의 심연에 닿지 못하는 깜냥이 여지없이 드러나곤 한다.

남모를 흠모로 시작된 사랑이었다. 속수무책의 끌림이었다. 우연히 눈이라도 맞았으면 좋았겠지만, 운명은 개척하기 나름이다. 분위기 있는 엽서에 시를 적고 아련한 심경을 편지지에 써 내려간다. 때가 되면 보여주리라. 노트에 가득히 그를 향한 그리움을 흘려놓는다.

'벚꽃이 하르르 떨어지네요. 꽃잎 떨어진 자리에 여름이 오겠지요. 봄빛에 묶여버린 마음이야 놔주면 그만이지만 그대에게 눈멀고 귀먹은 이 맘은 어찌해야 할까요. 호젓한 산길의 고요 속에서 못물에 살랑이는 바람을 맞으며 산그림자 짙어지는 언덕에 서서 당신을 생각해요. 꿈결에라도 만나고 싶은데 당신은 지금 어디에 있나요. 언제쯤 내 곁으로 올 건가요.'

시간이 흐를수록 외로움인지 기다림인지 모를 모호함에 휩싸이기도 했다. 삭막한 세상에서 그만을 바라보고 있는 게 맞는 건지 회의적인 생각이 들 때도 있었다. 허나 언젠가 만나리라는 운명을 예감한다. 몇십 번의 봄이 가고 겨울이 왔다. 만인의 연인이었던 그가 내게 오기까지 반생이 걸렸으니 지독하다면 지독하다.

사랑은 환희와 고통의 면류관이라고 했던가. 그가 온 이후로 난 자유를 잃었다. 밥을 먹다가도 지인들과 수다를 떨다가도 음악을 듣다가도 떠오르는 그의 생각에 둥둥 떠다니곤 했다. '혼자'라는 말이 '같이'라는 기대를 동반한 말임을 알게 된 것도 그즈음이었다. 늘 혼자 걷던 산책로에 약속 없이 만나 같이 거닐던 가벼운 흥분, 팔짱 끼고 앉아 풀여치 우는 소리에 귀 기울이던 동심. 가슴 속에 차오르는 그의 이미지를 놓치고 싶지 않아 수시로 긁적이고 밀려드는 감정들을 마음밭에 파종하느라 분주한 나날이었다.

그리 절절했건만, 그와 만날수록 다툼이 늘어만 간다. 보자마자 첫인사가 어둡다며 한마디 한다. 분위기가 무겁고 딱딱하다며 놀리고 생뚱맞다며 골려댄다. 구렁이 담 넘듯이 부드러워야 한다며 꼬집는다. 미인은 잠꾸러기라지만 그리 잠을 많이 자서 날 어떻게 만날 수 있겠냐며 훈시한다. 다소곳한 이미지를 버리고 적극적으로 매달리라 주문한다.

뿔다귀가 치솟은 나는 퍼부어댄다. 그러는 당신은 뭐 잘났냐. 묻는 말에 침묵으로 일관하는 건 기본, 잘난 척에 잔소리에. 불쑥 찾아와서 트집이나 잡고. 당신을 모르는 사람한테는 호인이고 곁에 있는 내겐 왜 이리 까칠하냐. 괴팍한 성격으로 치자면 스크루지 영감 저리 가라고 할 정도다.

얼굴 보고 싶지 않다며 종내에는 이불 뒤집어쓰고 울음을 터트린다. 그런데도 표정 변화 없이 버티고 있는 당신, 다시는 만나지 않겠다는 굳은 맹세를 하고 '탁' 문을 닫는다.

안 될 일이었다. 애초에 잘못된 길이었을지 모른다. 거리낌 없이 들춰내는 그 앞에서 숙맥이 되어간다. 수렁에 빠진 기분이다. 늘 그를 생각하며 애타는 마음으로 키보드를 두드리지만 돌아오는 건 공허한 여음뿐이다. 절박한 나와 달리 아랑곳하지 않는 그를 보며 무너져 내린다.

멀어져간다. 하루 이틀…. 습관처럼 매일 만났기에 곳곳이 그의 흔적이다. 귀퉁이가 살짝 접힌 시집에서, 절전모드 중인 컴퓨터에서, 구석으로 밀어 넣은 문학 행사 팸플릿에서 남겨진 그의 체취를 느낀다. 그의 잠재된 사유를 더듬고 싶어 성을 쌓아 놓은 책들에서 부유하는 먼지가 내 발목을 간질인다.

뒤돌아서기엔 너무 와 버린 걸까. 어둠 속에 들어앉은 듯 캄캄하다. 한뎃바람을 쐰 듯 차가워진다. 그의 독선에 질려버린 내 머리는 경고등을 보내고 있는데 보고파 시린 가슴이 그를 향해 달려간다. 남아 있는 원망도 화도 어딘지 모를 곳으로 마구잡이로 쓸려간다. 떨어지려야 떨어질 수 없는 연리지처럼 동박새여야만 하는 동백꽃처럼 어느새 우리의 영혼은 하나였던 것이다. 그의 사랑이 시각으로 이루어지는 문자일지라도 내 사랑이 온몸으로 쓰는 몸짓의 언어이더라도 이미 우리는 한몸이었다.

'별 가루 흩어지는 밤을 지새우며 어스레한 새벽빛을 보며 그렇게 우리는 하나가 돼야 하는 거죠. 속살 훤히 들여다보이도록 풀어지고 허물어져서 환희에 찬 감동을 맞아야겠죠. 당신은 내게서

나는 당신에게서 한 발짝도 벗어날 수 없는, 그게 우리의 운명이에요.'

그를 따를 수만 있다면 숙맥이어도 좋고 헛똑똑이가 되어도 좋으리. 지독한 내 사랑에 모든 걸 걸으리라. 영원한 나의 그대여.

–『한국산문』 2019.3

숯

짙은 녹음의 싱그러움도 없다. 타는 듯 붉은 낙엽의 열정도 없다. 꽃숭어리의 향기로움은 더더욱 아니다. 무겁게 가라앉은 묵직함이 있다. 운명을 절감한 생생함이 있다. 온 세상을 품은 담대함이다.

질박한 옹기 수반 위에 우뚝 서 있는 숯. 그의 자태는 현란한 언어보다 내재돼 있는 언어의 표현으로 완성된다.

제 살이 잘려 나간 아픔이어서일까. 절단된 단면 위로 내비치는 깜장의 숨결이 아릿한 슬픔으로 다가온다. 태고시절 나무들의 어우러지는 소리가 벌어진 결 사이로 들려온다. 내리쬐는 햇볕을 받고 산천초목의 화음을 들으며 나날이 무르익어가는 미래를 꿈꿨을 참나무의 소망. 평범한 나이테를 가지고 무탈한 생의 소원을 빌었을 나무들의 노래.

불시에 가마에 들어가 숯의 운명이 된 그는 앵돌아진 맘을 자신의 몸 구석구석에 새긴다. 내리치며 산산이 부서지는 수많은 빗줄기와 눈발에도 꿈쩍하지 않던 그였지만 뜨거운 불길에는 어쩔 수 없었나 보다. 제 몸을 시커멓게 태워낸 후 조각나고 벌어진 마음을 몸의 외피에 새긴다. 이미 온몸의 통각은 한계를 넘어섰다. 불땀에 의해 단련을 받은 그는 새겨져 있던 옹이 자국을 고스란히 드러낸다.

영겁의 세월을 원했던 건 아니었다. 찰나의 삶도 원한 건 아니었다. 어긋났지만 실로 의연하다. 수북이 쌓인 먼지 속에서도 도드라지는 자태를 잃지 않는다. 묻어나는 검댕이에 구박받아도 오로지 깜장 하나로 밀어붙이는 은근한 그의 뚝심에 할 말을 잊는다. 떨어지는 숯의 파편들조차 새까맣게 저의 궤적을 남긴다. 천하절색의 미녀가 와서 유혹한들 제 색깔을 버릴 그가 아니다.

그의 의연한 기개는 수돗물에 제 몸을 낙하시킬 때 빛을 발한다. 비명 한 번 지르지 않고 묵묵히 물의 무게를 담아낸다. 뽀얀 먼지를 말없이 씻어 내릴 뿐이다. 그는 일찌감치 삶의 이치를 터득하고 있었던 거다. 자신을 비워내야 담을 수 있다는 것을, 환한 대낮이나 깜깜한 밤이나 제자리를 지켜야만 얻을 수 있다는 것을, 엄동설한이나 삼복더위를 겪어봐야 알 수 있다는 것을.

그리도 지난한 시간을 보내고 얻어진 그의 결에서는 고결함이 느껴진다. 생의 서러움을 뒤로 한 채 이로움으로 명징해내는 숯의 고결함은 결마다 선연히 새겨져 있다. 숯의 결은 켜켜이 물결치며 빈틈을 이루는 여유가 있다. 그 틈 속에서 허를 찌르는 날카로움으로 예리한 결을 이루는 운용의 미를 발휘한다. 같이 또는 따로 결을 형성하는 미학도, 결을 이루는 깊이가 제법 깊어서 부서질 것도 같은데 부서지지 않고 서로 유기적으로 붙어 있는 섬세함도 있다. 결 하나도 허투루 하지 않는 그의 원천적인 힘을 느낀다. 결을 손으로 쓰다듬는다. 그 자신의 생이 굴곡져서일까. 미세하게 일어나 있는 결의 가닥에서는 저릿한 아픔까지 느껴진다.

울퉁불퉁 결의 촉감에 남편의 주름이 떠오른다. 남편 생은 결의 연속이었다. 친어머니가 돌아가신 후 유년 시절의 삶은 신산하기만 했다. 새어머니 밑에서 눈칫밥과 구박으로 남편은 이른 나이에 집을 떠났다. 계모의 핍박으로 한 쪽 귀의 고막이 터지고 나서야 살기 위해 내린 용단이었다.

혈혈단신 타지에서의 삶은 젊은 패기만으로 밀고 나가기에 그리 녹록지 않았다. 주경야독으로 학교를 졸업 후 온갖 고생을 겪고서야 작은 사업체를 운영할 수 있었다. 그즈음 나와 연이 되어 결혼도 하게 되었다. 가족의 울타리는 남편을 더욱 다부지게 만들었다. 허나 몰아쳐오는 생의 파도는 남편을 가만두지 않았다. 연이은 사업의 부침, 믿었던 사람한테서의 배신, 밀려오는 파도에 여러 차례 패대기 당하면서 남편의 결은 어느새 이마에도 등에도 어깨에도 새겨졌다.

참나무의 미끈한 결은 숯이 되면서 거칠고 벌어진 결이 된다. 수많은 굴곡을 제 몸에 새기는 숯처럼 남편 또한 삶의 파고를 헤쳐 나가면서 생긴 상흔으로 깊이 팬 결을 갖게 되었다. 생의 무게로 인해 반듯했던 결이 굽은 결이 되고 메마른 땅이 갈라지는 것처럼 여러 갈래의 결을 갖게 되었다. 인생의 길과 생의 결이 같은 방향을 향하면서 그려내는 삶의 모습이다. 나는 남편의 그 결을 사랑한다. 굴곡지고 굽이져 있는 결이 아름다운 이유다.

거실장 한 귀퉁이에서 은은하게 빛을 발하고 있는 숯 무더기. 환하게 집안 분위기를 아우르는 그의 자태가 눈부시다. 말없이 품어내는 그의 세상이 향기롭다.

–『수필과비평』 2016.12

호위무사

낮달이 이울자 그림자가 물러갔다. 호위하던 무사들이 하나둘 처소에 든다. 내걸린 문패도 알전구도 없는 칸막이 거처에 발걸음을 부린다. 길 위를 점령한 된바람이 따라 들어와 무사들을 사열한다.

양털에 뒤덮인 어그 부츠가 회상에 젖어 있다. 폭설이 내린 지난겨울, 눈 속을 뒹굴며 만끽했던 환희의 순간을 되새김질 중이다. 동면에 들었던 샌들이 슬며시 눈을 뜬다. 서늘한 기운이 달려들자 소스라치게 놀란다. 아직은 나설 때가 아니라는 듯 몸을 웅크린다.

하루를 견뎌온 흔적들은 어둠을 타고 밀려온다. 접힌 시간으로 뒤축이 무너진 운동화는 빳빳한 힘을 놓아버린 지 오래다. 끈까지 풀어 헤친 채 맥을 못 춘다. 쉰내 나도록 길을 누빈 구두는 연신 잠꼬대다. 돌부리에 걷어차인 비애로 꿈속을 헤매나 보다. 발가락의 자유를 부르짖던 슬리퍼는 정작 여기저기 끌려다니느라 지친 기색이 역력하다. 거처에 들지도 못하고 현관에서 한뎃잠을 잔다.

어차피 생은 불안정한 거라고 하이힐이 가늘고 긴 실루엣을 도도하게 드러낸다. 발가락이면 어떻고 발꿈치면 어떠냐며 내딛기만 하면 그만이란다. 숯 무더기에 묵은내를 내주던 등산화가 조무래기들의 몸짓을 굽어본다. 주어진 노역을 다 한 그는, 이곳에서 터줏대감이다. 작정하고 가풀막과 너덜겅을 오르내렸기에 누구보다 세상 물정에 밝다. 유행에 뒤처지면 구석으로 밀려나는 것은 한순간이다. 멀쩡한 육신으로 방치되느니 닳고 닳은 밑창으로 숫제 바닥을 쓸고 가더라도 신발로 남고 싶다. 등 떠밀리고 싶지 않아 마음 졸이지만 뭇사람들의 인심은 야박하기 그지없다. 쓰레기통에 폐기 처분 되거나 운이 좋으면 헌 옷 수거함에 사장되어 재탄생될 날을 기다린다.

바닥에 붙어산다고 남루를 모를까. 지난날, 불분명한 행로로 진흙탕에 빠져 허우적거리고 허랑방탕 갈지자로 헤매기도 했다. 폭염 속 아스팔트 열기에 정신을 잃을 뻔한 적도 여러 번이었다. 칠흑 같은 어둠을 이불 삼아 두멧길을 건너는 날에는 쏟아지는 졸음을 이기지 못해 뒹굴기 일쑤였다. 수없이 꺾여야만 나갈 수 있는 시시포스의 형벌 앞에 방패막이가 되어 앞코가 찌그러지는 일쯤은 축에도 끼지 못한다. 밑창에 돌이 끼이고 침이 박히는 상처쯤은 애써 모른 척 덮어두어야 했다.

상표를 떼지 않은 말끔한 새 신발은 알지 못한다. 끌고 온 무게에 겨워 긴장감을 놓아버리면 뒤집혀 널브러지거나 짓밟힌다는 것을, 제 살 닳는 것이 아까워 엎어져 시위해 본들 내일이면 툭툭 치는 발길질에 다시금 길을 나서야 하는 것을.

내게도 반평생을 동행한 무사가 있다. 세상의 벼랑에 선 스무 살 언저리에 그를 만났다. 가족이라곤 삽화 한 장이 전부였고 해진 종잇장에 의지하기엔 현실은 암담했다. 사고의 가해자가 되어 피해자가 요구하는 금액을 내줘야 하는 상황이었다. 자전거를 타고 뛰어든 상대방보다 배달을 위해 운전 중이던 내가 과실이 크다고 했다. 경찰서의 의자마저 죄인 심문하듯 딱딱하게 굴었다. 경황이 없어 벗겨진 신발을 찾지 못한 내 발을 떨떠름하게 쳐다만 봤다. 컴퓨터의 자판은 볼 것도 없다며 화면 가득 죄목을 채워 나갔다.

숨이 막혔다. 생의 바닥들이 모여드는 나락으로 떨어졌다는 생각에 두려움이 밀려들었다. 보호자를 부르라고 했지만, 술로 하루를 사는 아버지에게 연락할 수 없었다. 얼마나 시간이 흘렀을까. 붉어진 눈시울에 그의 모습이 들어왔다. 작은 소읍이다 보니 사고

현장에서 나를 알아본 누군가가 연락했나 보다. 그는 맨발로 떨고 있는 나에게 자신의 운동화를 벗어서 신겨줬다. 종일 그의 체온으로 데워졌을, 쿰쿰한 냄새와 습기로 가득 찬, 그의 운동화가 왜 이리 안온하게 느껴지던지.

지켜주겠다는 그 말 한마디에 따라나섰다. 자갈밭에 굴러도 끄떡없을 단단한 심지에 믿음이 갔다. 헐벗고 옴지락거리는 발을 폭신하게 감싸줄 것 같았다.

그러구러 그와 함께 지나온 세월, 고된 날이 많았다. 철철이 갈아 신을 신발이 많지 않았기에 그의 운동화는 늘 최전방에 섰다. 맏이로서 부모를 대신해 동생들을 끌고 가느라 비틀거리는 날이 많았다. 더해진 지아비의 무게를 얹고 생의 능선에서 사투를 벌였다. 보증의 덫에 걸려 나뒹굴기도 하고 신용불량이라는 복병을 만나 진창에서 철벅거리기도 했다. 물웅덩이를 피해 간다는 것이 헛디뎌서 아킬레스건이 파열된 날은 병원에 몸을 부리며 고통의 시간을 보냈다. 그럴 땐 그의 운동화도 실의에 젖어 되똥해 보였다.

힘줄이 한번 끊어진 발은 온전히 힘을 싣지 못한다. 통증으로 절뚝거리는 발에 호흡을 맞추느라 무게중심이 쏠린 신발은 쉬이 낡고 해졌다. 작은 돌멩이에도 뒤축이 흔들렸던 그는, 스스로를 내팽개치고 싶은 날도 있었을 것이다. 배 까뒤집고 해볼 테면 해보라며 세상에 항거하고 싶었을 터이다.

허나 그는 무사다. 하루를 벗어놓는 시간에 한숨처럼 불거지는 속내마저 침묵으로 재운다. 식솔들을 지켜내야 할 소임으로 무너지고 주저앉은 시간을 추스른다. 날이 밝으면 남편은 누구보다 먼저 일어난다. 매복한 적을 대적하기 위해서는 시야를 확보하는 일이 우선이었다. 신발 밑바닥에 찰거머리같이 붙어서 거세게 저항하는 껌딱지를 단칼에 제거한다. 밑창 틈새로 숨어든 돌멩이를 끄집어내고 허를 찌르겠다며 냅다 박힌 압정도 뽑아낸다. 여기저기 흙 부스러기를 흘리고 다니는 진흙 잔당을 제압한 후, 제집인 양 묻어 든 얼룩을 지워낸다. 무기를 벼리듯 운동화 끈을 조이고 결의를 다진다. 가장이라는 이름을 방패 삼아 황막한 세상을 내달린다.

오늘도 종일 따라다니며 호위했을 무사들을 본다. 원 없이 뛰고 싶은 러닝화, 더 높이 치솟으려는 킬 힐, 광을 앞세우는 구두 등 그네들의 호들갑을 뒤로 하고 고단한 삶을 꿰고 있는 그의 운동화를 들여다본다. 살아온 동선이 퇴적되어 살아낸 흔적으로 초라해질지언정 결코 멈추지 않을 발걸음이 듬직하다. 어제도 오늘도 내일도 써 내려갈 생애에 영원히 동행할 무사가 있어 외롭지 않다. 가만히 내 발을 그의 신발 속으로 밀어 넣는다.

– 제15회 중봉조헌문학상 수상작 2021.6월

식빵

"타닥, 타다닥"

크러스트가 터진다. 파열음이 경쾌하다. 뜨거운 열기 속에서 충분히 부풀어 올라서일까. 오븐에서 나와 세상을 만나는 소리가 선선하다. 노릇하게 구워진 껍질과 결대로 찢어지는 속결이 부드럽다. 단련된 시간에서 나오는 유연함으로 말랑거린다. 온몸으로 받아낸 소용돌이 끝에 찾아온 구수함이 사방으로 풀어진다. 그 내음에 들뜬 마음이 가라앉는다. 한 덩이의 빵이 머금은 평온함에 푸근해진다.

아무것도 들어 있지 않지만 모든 게 담긴 빵이 식빵이다. 앙금을 들이거나 토핑을 두르지 않아 담백하다. 무명옷을 걸친 듯 수수하다. 가장자리는 떼어지고 토스트나 샌드위치로 개명당해도 속없이 하얗기만 하다. 빵가루가 되어 형체 없이 날려도 매인 데 없이 맑다. 달달하거나 농밀하지도 않다. 맹물같이 밍밍하지만 절묘하게 품어야만 나오는 맛이다. 설탕으로 이기려 들지 않고 소금으로 우기려고 하지 않는 버터로 뒤덮으려 하지 않는, 주고받으며 순응하는 그들만의 계율에서 나온다. 서로에게 배어든 호흡으로 마음을 다해 내놓는 진득한 빵이다.

내 삶도 한 덩이로 뭉쳐 빛깔 좋은 빵으로 구워낼 순 없을까. 네모난 틀에서 벗어나는 빵처럼 자유로워지고 싶을 때, 가벼워지고 싶을 때 식빵을 굽는다. 마음을 누르는 일에 갇혀 있다가 맘껏 발산하고 싶은 날, 소박하지만 다독여주는 맛이 그리운 날에 반죽을 만진다.

넓적한 볼에 체에 친 밀가루와 소금 설탕 이스트 물을 넣고 섞는다. 주걱으로 뭉개고 비비며 휘젓는다. 뭉쳐지기 위해 숱하게 부대껴야 하는 게 반죽이다. 처음엔 거칠고 낯설어도 뒤섞이는 사이에 덧정이 든다. 생기와 오기를 주고받으며 서로에게 스며든다. 되직하게 덩어리지면 치대기 시작한다. 밀고 당기고 접고 돌린다. 속속들이 다 드러나도록 주무른다. 내 것인지 네 것인지 모를 정도로 얇은 막이 생겨야 비로소 한 덩이가 된다.

겉보기에는 평온했다. 그에게 스며들지 못한 마음으로 소리를 내거나 불협화음을 만들진 않았다. 엉켜 있기만 해도 글루텐이 형성되는 반죽처럼 부부란 이름으로 그럭저럭 굴러갔다. 어쩌면 서로를 받아들이기 위한 수고를 들이지 않았기에 내심 더 편했는지 모른다. 곁에 있었으나 곁이 될 수 없었던 그와 나는 대충 뭉뚱그린 덩어리였다.

매끈해져 손에 묻어나지 않는 반죽 위에 젖은 면포를 덮는다. 이제 발효의 시간이다. 살짝 데운 오븐으로 들어가 침묵의 시간을 갖는다. 차지기 위해 치댔다면 풍미와 결을 위해 부피를 늘리는 일이 발효다. 살아 꿈틀거리는 효모들의 아우성으로 가스층이 생겨야 부드럽고 유연한 결을 얻는다. 밀폐된 공간에서 두 배로 팽창할 때까지 묵상에 잠긴다.

끓어올라 터질 듯한 갈등도 속살거리는 화해도 없었다. 그의 꿈이 나의 소망으로 어우러지지도 그의 상처가 내 아픔으로 번지지도 않았다. 한 번도 제대로 얽히고설켜 보지 못했으니 부풀어 오를 희망이나 주저앉을 실망이 없었던 것이다. 탄력이 사라진 반죽처럼 제 모양을 갖지 못하고 퍼지기만 했다.

어지간히 부풀었다 싶어 반죽을 꺼낸다. 밑면을 들쳐보니 그물망이 보드랍게 일어선다. 손끝에서 느껴지는 폭신한 감촉에 잠시 황홀해진다. 서로의 힘을 빌려 맘껏 팽창할 수 있다는 건 얼마나 경이로운 일인가. 지극히 하나 된 일체감으로 찰랑이는 반죽이 생동하다. 뒤집어 두드리며 묵은 공기를 뺀다. 세 덩어리로 분할해 둥글린 후 밀대로 반죽을 민다. 빵틀에 맞게 성형하기 위해서다. 둥글게 말아 이음새를 꼬집어 봉해 준다. 이차 발효 시 생기는 빵의 뼈대와 조직을 위해 확실하게 매듭짓는다. 틀에 맞춤하게 넣고 한 번 더 발효에 들어간다.

시간이 흐르면 발효로 충만해진 반죽은 껍질로 속결로 자아를 찾아간다. 숨겨진 잠재력으로 제자리에 깃드는 것이다. 마음과 마음을 잇기까지 우리의 발효는 참 더디게 일어났다. 차고 넘치는 찰기가 아니라서, 견고하게 잡아주는 끈기가 아니라서 오랜 시간이 걸렸다. 한 호흡으로 그러모으기까지 수없이 주저앉았다.

마지막 발효가 완료됐는지 손가락으로 눌러본다. 선명하게 자국이 남는다. 구워도 좋다는 신호다. 예열된 오븐에 반죽을 넣는다. 정확한 시간을 위해 타이머를 맞춰둔다. 꾹 누르면 발효점을 알려주는 흔적처럼, 때가 되면 울리는 타이머가 있었으면 한 적이 있다. 미세한 그의 눈빛을 읽고 마음을 헤아려야 할 때, 그와의 거리를 가늠해서 앞장서거나 뒤에 서야 할 때. 굽는 시간이 짧으면 설익고 길면 겉면이 타버리는 빵처럼 숱하게 엇박자를 타고 지나온 시간들이 스쳐 간다.

오븐에 들어간 빵이 구워지나 보다. 무심히 흐르는 상념 속으로 고소한 냄새가 파고든다. 가루에서 반죽으로 빵으로 어우러져 제 모양을 보여주기까지. 밀가루와 물로 만나 설탕과 소금으로 섞여 효모로 숙성된 극단의 정서가 향으로 번져온다. 견뎌야 얻어지는 감미로움이 뭉근하다. 시간을 들이고 마음으로 굽는 빵은 쉬이 질리지 않는다. 세월이 지나 서로의 맛으로 견고해지는 부부처럼 물리지 않는 내공이다.

"땡"

타이머가 울린다. 오븐을 열고 갓 구운 식빵을 꺼내 한입 베어 문다. 살살 녹아 감탄사로 쏟아져 나오는 맛이 순하다. 음미하다 보니 절로 깊어진다. 차오르는 맛이 가슴까지 전해진다. 마주한 그와 나 사이에도 행복을 꿈꿀 만큼, 보듬어주는 순백의 맛으로 스며든다. 그 위로에 살며시 마음을 눕혀 본다.

—『수필과비평』 2020.12

뒷모습을 읽다

뒷모습을 읽는다. 의식하거나 꾸미지 못해 정직한, 말이 없어 착각을 불러일으키기도 하는, 숨겨진 마음을 보여주는 다층의 실루엣이 뒷모습이다. 따라가다 보면 훤히 읽히기도 한다.

저물녘인데도 병원은 대기 환자로 북적인다. 진료를 마치고 출입문을 나서는 순간이었다. 느닷없이 뒤통수에 알밤이 날아든다. 약간은 장난스럽게, 살며시 튕기는 감촉이 생급스럽다. 뉘라서 꿀밤을 날리는 건가. 뒤돌아본다. 키가 껑충한 웬 젊은이가 빤히 내려다보고 있다. 처음 보는 얼굴이다. 그를 올려다본다. 이제 곧 그가 아는 그녀가 아니라는 것을 알아챌 것이다. 몇 초가 흘렀을까.

여전히 그는 요지부동이다. 누구시죠. 내가 먼저 말을 건넨다. 미숙씨 아니에요. 부드러운 말투로 그가 되묻는다. 아닌데요, 사람 잘못 봤어요. 아, 네 죄송합니다. 무안한 얼굴로 상대방이 고개를 숙인다.

단발머리, 청재킷, 나팔바지를 입은 내 뒷모습이 그에겐 영락없는 미숙씨였나 보다. 얼굴의 반이 마스크에 가려지긴 했지만, 앞모습을 보고도 그녀일 거라며 시선을 거두지 않는 그를 바라보기가 괜스레 민망해진다.

미숙씨는 지천명을 목전에 둔 아줌마는 아닐 것이다. 무리했다 싶으면 무릎이 욱신거리고 손가락이 붓는, 낡아가는 육신의 소유자는 아닐 터이다. 힘이 빠지는 악력으로 걸레 하나도 비틀어 짜지 못하는 주부는 아니겠지. 지친 육신, 아직은 괜찮다며 스스로 위무해 보지만 삐거덕거릴 때마다 조금씩 사라지는 용기로 의기소침해지지는 않을 테다.

그의 그녀는 미용실에서 염색할 때 멋내기용으로 할지, 새치용으로 해야 할지 갈림길에 서 봤을까. 신발 매장에서 하이힐과 플랫슈즈를 번갈아 바라보며 '아직은'과 '이제는' 사이에서 갈등하는 복잡한 심경을 알까. 한때는 '죽임'의 반대말인 '살림'에 나라를 구할 듯이 집안일에 몰입했던 적이 내게도 있었다는 걸 알기나 할까. 시간의 그늘에 들어설수록 부엌데기로 전락하는 게 마뜩잖아 여기저기 기웃대는 맘을 아는 걸까.

물기가 없어 말라가는 마음자리가 쓸쓸해지는 이즈막이다. 무기력에 빠져 뭐 하나 눈에 들어오지 않아 심드렁한 일상이 버거워지는 요즈음이다. '한때는 나도 괜찮았는데'라는 기억조차 희미해지는 오늘, 내 뒷모습을 또래 젊은이로 착각한 그의 모습에 '아직은 쓸 만하네.'라는 생각에 피식 웃음이 난다.

웃음기의 여운을 타고 남편의 뒷모습이 따라붙는다. 며칠 전 주거니 받거니 투덕거리며 질척이는 감정을 쏟아냈다. 끝내 날 선 몇 마디를 남편의 가슴에 던졌다. 애써 뒤돌아서며 등으로 받아넘기는 남편을 보는 순간 낭패감이 들었다. 이발할 시기가 지나 덥수룩해진 머리카락이 목덜미를 덮고 있지 않은가. 잘라 달라고 보채지도 투정 부리지도 않고 묵묵히 앉아 있는 뒷머리에서 쓸쓸함마저 느껴졌다. 의기양양하던 낯빛과 넙데데한 가슴팍으로 기싸움을 벌이던 앞과 달리 구부정한 굴곡의 뒷면이 시야를 가렸다. 무장한 앞과 달리 무방비 상태인 뒤는 허방을 심어 놓은 듯 측은지심을 불러일으킨다.

내가 쏟아놓고 그 위로 엎질러진 느낌이었다. 미끄러져 살갗이 까인 듯 아려왔다. 애당초 오금을 박지 말아야 했는데. 주워 담자니 자존심이 허락지 않고 뒷모습에서 시선을 거둘 수도 없어 난감했다.

뒤돌아서서 먼 곳을 응시하는 남편의 독사진에 반한 시절이 있었다. 비율 좋은 뒤태는 둘째치고라도 해 질 녘 노을에 서서, 저 멀리 바라다보는 감성이라면 기꺼이 함께하고 싶었다. 따스하면서 강인하고 듬직했다. 살면서 슬픔이 치밀어 오르는 날, 맞대고 싶은 뒤를 가진 남편이었다.

지난날, 좌표를 정해 놓은 탓에 등을 맞댈 여유도 없이 속도에 얽매여 살아왔다. 겁 없이 시작한 이십 대를 지나 아이들만 보고 살아온 삼십 대를 경유해서 사십 대의 끄트머리에 들어섰다. 느릿하게 읽어내리는 뒤보다 낯빛과 말투로 알아차리는 앞을 바라보는 게 편했다. 패기 하나로 질주하던 시절을 보내고 중년에 선 지금, 불쑥 나타난 뒤가 생경하기만 하다.

사느라 바빴다고 핑계를 댄다. 등 돌리고 내외하는 것보단 낫지 않냐며 우겨도 본다. 이제야 눈에 들어오는 뒷모습이, 그간 알아차리지 못했던 무관심의 자책이 속내를 파고든다.

보이지 않아 먼 곳인 그곳. 마주 보는 앞과 힘겨루기를 하기도 하고, 들이치는 감정을 침묵으로 받아내느라 고독해진 뒤. 내가 볼 수 없으니, 당신이 바라봐 줄 수밖에 없는 뒤. 착각이라도 좋고 진실이라도 좋다. 나를 위해 당신을 위해 기꺼이 읽어 내리련다.

–『수필오디세이』 2022. 봄호

6월의 오후

나른한 오후다. 세상 만물이 오수에 들었는지 고요하다. 아직 한여름은 도착하지 않았는데 마당의 기운은 습하고 끈적하다. 무심하게 내리쬐는 햇살마저 지루하다.

오랜만에 들른 시골집이다. 굳게 잠긴 현관문이 부재중인 주인을 대신에 출입을 막아선다. 낯선 이의 등장에 백구가 요란하게 짖어댄다. 제 밥그릇도 못 알아보는지 찌그러진 양은 냄비가 목줄에 쓸려 마른 먼지를 일으키건 말건 이리 뛰고 저리 뛴다. 마당 한 귀퉁이엔 연탄재가 비닐봉지에 담긴 채 방치되어 있다. 진즉에 두어 계절이 지났건만, 여전히 겨울을 품고 있는 시골집이 답답하다.

며칠째 물을 못 얻어먹었는지 수국이 바짝 말라 시들하다. 보다 못해 수도꼭지를 튼다. 물을 담아서 뿌려줄 요량으로 물뿌리개를 가져다 댄다. 콸콸거리며 쏟아지는 수돗물이 청량하다. 시원한 물소리에 적막한 풍경이 가시려는 찰라, 닳고 닳은 빨랫방망이가 눈에 들어온다.

빨랫감의 땟물을 제거하기 위해 두드리고 때려대느라 곰삭은 몸피가 거무튀튀하다. 갈라 터져 단단한 결기도 내리치는 힘도 사라져버린 지 오래다. 그런들 고단한 노역에서 벗어나 잠시 몸을 뉠 수 있는 빨랫돌을 제 짝으로 뒀으니 다행이지 싶다. 늘그막에 이 밭 저 밭으로 기댈 곳 없이 홀로 동분서주하는 엄마보단 낫다.

저 멀리 고샅에서 오토바이 소리가 들려온다. 들에 나간 엄마가 집으로 돌아오는 모양이다. 잠시 후, 등이 굽은 엄마가 오토바이를 끌고 들어선다. 원체 마른 엄마에겐 작은 오토바이조차 버거워 보인다. 저걸 어찌 운전하고 다니는지 아슬하기만 하다. 일생 아버지를 대신해 가족을 건사해 온 것도 모자라, 여든을 바라보는 나이에도 종종거리는 엄마가 처량하다.

현관문을 열어주며 덥다고 얼른 들어가라는 엄마의 재촉에 집 안으로 발걸음을 옮긴다. 들어서자마자 어질러진 거실 풍경에 말문이 막힌다. 내팽개친 옷가지와 벗어 던진 양말 짝, 이리저리 나뒹구는 빈 약봉지, 개키지 않은 이부자리 등 어느 하나 정돈된 게 없다. 발을 떼자 말라비틀어진 밥풀이 밟히고 구석진 곳에 수북이 쌓인 먼지가 눈에 들어온다. 느닷없이 출몰한 바퀴벌레에 외마디 비명이 터져 나온다. 이게 사람 사는 곳인가. 탄식이 흘러나온다.

아버지를 병원에 보내놓고 생의 의지를 잃은 걸까. 집을 치우는 건 고사하고 제대로 된 식사도 없이 일에 매달리는 엄마를 보고 있자니 한숨이 나온다. 평생 술독에 빠져 사는 아버지의 병증으로 오랜 세월 힘들었을 텐데. 이제 좀 내려놓고 편안해져도 좋으련만. 무슨 대단한 인연이라고 저리 헛헛해 하는 걸까. 아버지로부터 짓눌리는 고통에서 풀려나 숨을 쉬는 것도 잠시, 마음 둘 곳 없어 농사일을 놓지 않는 엄마가 안쓰러우면서도 갑갑하다. 관성처럼 아버지의 굴레를 맴돌며 벗어날 줄 모른다. 늘 아버지 뒤치다꺼리하느라 자신을 돌보지 못해 스스로를 대면하는 시간이 낯설다. 혼자만의 시간을 가져본 적도 누려본 적도 없어 무력하기만 하다. 막무가내인 아버지에 맞춰 사는 피폐한 일상만 존재할 뿐 인간적인 삶은 없었기 때문이다. 그리 원수 같건만 정작 아버지의 빈자리는 엄마를 초조하고 불안하게 만든다. 어떤 삶의 방식도 옳다 그르다 말할 수 없다지만, 온전히 엄마만을 위한 삶을 보내길 바라는 게 지나친 걸까.

온갖 풍상으로 점철되는 엄마의 시간은 얼마나 남아있을까. 관절염으로 절룩대는 다리로 또 얼마나 끌고 가야 하는 걸까. 낮아지는 그림자처럼 내 마음도 한없이 기운다. 적요하기 그지없는 6월의 오후다.

—『月刊文學』 2024.11

물끄러미

홀로 존재할 수 없다. 바라볼 누군가가 있어야 의미가 산다. 내 안으로 빠져들려는 이기를 벗고 너를 향해 마음을 돌리는 모양새다. 시선을 따라가다 보면 나도 모르게 용서해 주고 싶다. 미움도 원망도 사라진다.

명사처럼 단호하지도 동사처럼 역동적이지도 않다. 더러는 연민을 더러는 염원을, 딱 떨어지진 않지만 '물끄러미'라는 단어에 뒤따라 붙을 수 있는 숱한 의미로 정이 간다. 못내 마음에 걸려 뒤돌아보는, 감춰진 속내를 읽어내는 몸짓이다. 설명할 수 없는 뭔가로 자꾸 가져다 쓰는 부사다.

밤 10시다. 넘실대는 세상의 물너울을 헤치고 귀환했다. 병원 장비가 고장이 나서 수리를 해 놓느라 피곤함을 무릅쓰고 야근했다. 불이 꺼진 집은 적막했다. 주방 싱크대엔 물을 부어놓은 냄비만 덜렁 있다. 널린 부스러기를 보아하니 찬을 꺼내기 귀찮아 라면으로 때웠나 보다.

텔레비전에서는 9박 10일 유럽 여행 특가라며 쇼호스트가 쉴 새 없이 떠들어댄다. 남편은 거실 한가운데서 이불도 덮지 않은 채 잠이 들었다. 오늘은 어떤 하루를 보냈을까. 늘 같은 하루지만 고됐겠지. 코 고는 남편을 바라본다. 무방비 상태로 잠든 그가 평온하다. 좋다 나쁘다 표 내지 않는 성정으로 그득 담고 있는 감정들. 내 천(川)자를 그리며 골을 이루는 미간의 주름이 새삼 낯설다. 반백 년의 시간을 돌고 돌아 새겨진 흔적이 짠하다. 나도 모르게 흘러내린 머리카락을 쓸어올린다.

진즉에 버리라고 했건만, 늘어진 내복이 출렁거리는 뱃살을 이기지 못해 위로 말려있다. 숨 쉴 적마다 살이 출렁거린다. '복부비만이다. 내장지방이다.' 잔소리로 밀어붙인 뱃살은 여전히 요지부동이다. 가타부타 지청구에 기죽지 않고 잔소리에 반응 없는 그가 내심 안심이다. 나이 들었다고 풀이 죽고 의기소침해지지 않기를 바라는 아낙의 마음이다. 제대로 자라고 이불을 덮어주는데 삐죽 돋아난 발톱이 눈에 들어온다. 깎을 시간조차 없었던 걸까. 거스러미처럼 마음이 아려온다.

얼마 전 별것 아닌 일로 투덕거렸다. 홧김에 집을 나가 버린 그를 기다리다가 부아가 치밀어 먼저 잠이 들었다. 새벽녘 집으로 돌아온 그도 지금의 나처럼 물끄러미 내려다봤을까. 속내는 시끄럽지만 아무렇지도 않은 척, 침대에 기대어 책을 읽다가 옆으로 쓰러진 나를 부축하고 이불을 덮어줬을까. 사랑과 미움이 희석된 눈빛으로 지지고 볶고 싸워도 내 마누라뿐이라며, 코끝에 걸친 안경을 벗겨주고 등을 토닥여줬을까.

우연한 만남에서 남편이라고 아내라고 소개할 적마다 어쩜 두 분이 그리 닮았냐는 말에 서로를 쳐다보며 혹여 우리가 전생에 오누이었나 까마득한 샛길로 빠지기도 한다. 물끄러미 바라보며 인연이 다해 다음 생애에는 서로를 모른 채 살아갈지도 모른다며 남은 생 잘살아보자고 의기투합해 보기도 한다.

처음엔 서로의 상처에 덧내기 바빴다. 서늘해진 가슴으로 그의 시선을 외면했다. 그 역시 허공을 향해서 하고 싶은 말만 쏟아냈다. 바라볼 줄 모르는 우리는 평행선을 달렸다. 다듬어지지 못한 뾰족한 돌처럼 할퀴어댔다. 세상 물살은 그런 우리를 엎치락뒤치락 엉겨 붙게 했다. 낯선 타인에서 가슴 한구석을 내어주는 사이가 될 때까지 끓어 넘치고 흘러내려야 했다. 뒤섞여 달라붙고 눌어붙은 상흔을 남기고서야 서로를 응시할 수 있었다. 그의 모습에서 나를, 내 모습에서 그를 비추어보며 잠잠해졌다.

그의 곁에서 만들어온 몇십 년의 세월이 이제는 서로에게 겹쳐서 연민과 애틋함이라는 이음동의어로 갈무리된다. 침묵만으로도 눈빛만으로도 의미를 전달하는 사이가 됐다. 서로 다른 시간을 살고 돌아온 저녁, 마주 보며 그 시간을 함께 나눈다. 유난하지 않고 별스럽지 않은 더러는 행복의 의미를 찾고 더러는 권태롭게 쳐다보며 늘 붙어있는 눈 코 입처럼 일심동체가 된다.

톡톡. 창 너머 보름달이 환하게 비쳐드는 밤에 아낙이 주저 없이 남편의 발톱을 깎아준다.

—『수필미학』 2023. 봄호

감자

빗줄기가 긋고 간 뒤란은 흥성스럽다. 넝쿨에 매달린 호박에 살이 오르고 발밑에 달개비와 제비꽃의 수다가 왁자하다. 한나절 한가했던 감나무는 빗물을 한 움큼 떨구며 기지개를 켠다. 불어오는 바람은 작달비가 뿌리고 간 내음을 코끝에 묻혀 놓고 달아난다. 풀냄새, 이끼냄새, 흙냄새가 뒤뜰을 들썩거리며 생동한다. 삽상한 기운과 달리 어디선가 쿰쿰한 냄새가 흘러나온다. 주위를 둘러보니 우물가 한 쪽 구석에 있는 항아리가 눈에 뜬다. 해마다 하지 끝에 어머니가 녹말을 길어 올리기 위해 감자들을 모아놓은 독이다. 수확한 감자들 중에 불량감자를 골라 썩히고 있는 중이다.

어머니는 무엇이든 버리는 법이 없다. 호미 날에 찍힌 감자, 굼벵이가 파먹은 감자, 빗물에 옆구리가 곪은 감자, 돌에 치여 찌그러진 감자, 숟가락에 깎이지 않을 만큼 자잘한 감자 등 못난이들을 한 곳에 모은다. 수세미로 깨끗이 씻어 독안에 집합시킨다. 그리고는 물을 붓는다. 상처 난 것들끼리 매일매일 부딪치라고, 터지고 깨져, 있는 거 없는 거 다 뱉어내라고 수장시킨다. 주리를 틀 듯 인정사정 봐주지 않고 비닐로 입구를 꽉 묶는다. 벌레가 꼬이지 못하도록 단단히 봉인한다.

항아리에 갇힌 감자는 용암처럼 들끓는다. 햇볕을 들이거나 바람을 맞을 수 없는 흙길을 걸어왔건만 또다시 사방이 막힌 독이라니. 차라리 열탕에 들어가 팍신하게 쪄졌으면 앉음새는 유지하련만. 아궁이 속에서 검댕이로 뒹군들 뒤따르는 환호가 있으니 괜찮다. 놋숟갈에 껍질이 깎여 된장국에 투하돼도 이보다는 낫지 싶다. 이런저런 수난으로 온전히 영글지 못했는데 몸뚱이마저 썩히라니 생속이 따로 없다.

비쳐드는 볕살에 푸른 독을 올려 아린 맛을 돋우고 싶다. 흙속을 파고들며 울퉁불퉁한 심사를 맘껏 드러내고 싶다. 종주먹 들이대듯 뭉툭하게 포효하고 싶다. 얽둑빼기끼리 엉킨 이곳은 사방이 어둡고 축축하다. 부빌 흙이나 기댈 무언가가 없어 발밑이 꺼진다. 막막함에 숨통이 조인다. 상처 난 부위에 물이 닿자 몸뚱이가 문드러진다. 살아온 날들이 여지없이 무너진다. 이생 열매도 씨앗도 꽃도 되지 못했다. 신세한탄은 원망이 되었다가 분노가 되었다가 결국은 허망하게 녹아내린다. 막다른 끝에 다다라서야 날뛰던 아우성들이 스러진다. 움켜쥐었던 껍질 속에서 육신은 맹렬하게 썩어간다. 부패한 몸에서 흐르는 시즙으로 퀴퀴한 몸내가 진동한다. 예가 이승의 끝인 것처럼, 무덤 속 같은 독에 유폐되어 송두리째 함몰한다.

다 썩고 나면 어머니는 항아리 속 부유물을 걷어낸다. 온갖 상처와 독소와 오욕에 물든 불순물과 껍질을 건져낸다. 형체가 사라진 감자는 물에도 녹지 않은 앙금을 내놓는다. 웃물을 갈아줄수록 밑바닥에 가라앉는다. 죽은 나무에서 키워내는 표고처럼 항아리에 내박쳐진 몸뚱이에서 건져 올린 맑은 자아다. 척박한 땅의 음영, 덩저리의 기억, 흙빛으로 엉겨 붙은 낯빛을 감자의 이름에 떠나보내고 무명베 위에서 말라간다. 꾸리한 냄새마저 볕에 날리며 무미무취의 성분으로 가벼워진다.

제 몸을 폭삭 썩혀 가루가 된 감자. 상처 나고 야잘찮아 버려질 뻔 한 감자들이 쉬이 변질되지 않을 물성으로 재탄생한다. 가는 시간을 버팅기고 스러지지 않기 위해, 향신료 치듯 갖은 방법으로 보존시키는 세상이다. 짜디짠 소금기로 몸을 절여 시간을 유예시키고 바스러질 정도로 볕살에 물기를 말려 수명연장을 꿈꾸는 목숨들. 매캐한 연기에 둘러싸여도 썩는 것이 두려워 미동도 없다.

감자가루는 다시 태어난 존재의 자유로 분분히 날린다. 한 톨의 힘도 들어가 있지 않아 여기저기에 가볍게 뒤섞인다. 과즐을 만들 때 덧가루로, 뭉쳐져서 옹심이로, 콩과 섞여 떡으로, 속이 말갛게 들여다보이는 만두로 미각돌기를 자극하지 않고 푸근하게 감싼다. 꺼둘리지 않는 덤덤함으로 무던하고 슴슴하게 채워준다. 더도 말고 덜도 말고 정갈하고 알맞춤하다. 상처투성이 생것이었을 때는 닿을 수 없었던 결실을, 물크러지고 나서야 완성한다.

스치는 바람 따라 뻐꾸기 소리가 들려온다. 느릿하게 그림자를 드리우는 뒤란이 사색에 잠긴다. 여름 한 철이 숙지듯 치열했던 감자의 한 살이도 그렇게 지나가고 있었다.

—『좋은수필』 2020.10

3장

그랭이질, 시간을 잇다

감

어둠을 드리운 장막을 들춘다. 음습한 기운이 끼쳐온다. 가지에 매달려 익어가지 못한 억울함에 신열로 들끓고 있는 걸까. 떫은맛 뱉어낼 때까지 아무도 건져주지 않은 두려움에 떨고 있는 걸까.

좌정한 독 안에 들어앉아 밑바닥의 시간을 세고 있는 감이 있다. 누가 오는지도 모른 채 잎사귀 뒤집어쓰고, 요지부동이다. 낮달과 밤 달 아래 한 줌의 별살 들이고 한 모숨의 바람 모아둔 몸이다. 시푸르뎅뎅할 때부터 주황빛 물들 때까지 온몸으로 껴안고 있던 탄닌이었다. 다녀간 천둥과 번개로 속에서 불길이 일고 후려치는 소낙비에 두들겨 맞을 때도 놓지 않고 붙잡고 있던 억센 기운이었다.

떫은맛 빼자고 소금물에 몸을 담근 절박함이 까슬하다. 하루분의 삶을 감당하기 위해 침몰했지만 해가 지는지 동이 트는지 알 수 없는 이 암흑이 갑갑했을 것이다. 벗어나기 위해 허우적거려 보지만 제자리다. 버둥거려봐야 자맥질하기 일쑤다. 너른 세상에 그늘이 있다면 꽃그늘만을 꿈꾸었을 테다. 남들이 흠모해 마지않던 부드러운 속결을 지닌 선홍빛 홍시가 되고 싶었을 터이다. 말랑하면서 쫄깃한 곶감으로의 변신도 기대했겠지.

비좁은 곳에 갇힌 막막함에 말을 잊었는지 항아리 안이 적막하다. 밀려드는 짠물에 휩싸여 소리를 잃었는지도 모른다. 나는 할 수 있다며 소리 없이 외치고 있을지도 모른다. 애초에 품고 있던 떫은맛을 내어놓고 단맛을 쫓아야 하는 갈등, 스며드는 소금기를 다스려야 하는 분기, 가라앉고 싶은 절망과 솟아오르려는 열망. 속을 훑는 시퍼런 기운 속에서 감은 단호히 숨구멍을 열었다.

울컥, 아릿한 통증이 몰려온다. 수몰됐을 생것의 풋내가, 억눌렀을 혈기가, 삭여냈을 서러운 숨소리가 질척한 슬픔으로 와 닿는다. 어둠을 허물기 위해 소리 없이 인내한 자의 모습이 저럴까. 살아내는 것이 어둑하게 물드는 일일지라도 침잠하는 시간 속으로 깊어지는 일일지라도 포기할 수 없어 가슴 밑바닥까지 긁어내는 일인 것을.

유배지 같은 곳에서 격랑에 휩싸인 감이 내 몸 어딘가에 박혀 있는 기억들을 불러낸다. 앙다물어 보이지 않던 그것은 뻑뻑하게 조여들며 감각을 마비시키는 탄닌이었다.

지난 시절 가난으로 뒤덮인 흙벽의 집에선 퀴퀴한 냄새가 났다. 그 냄새가 손톱 밑의 까만 때처럼 언제나 나를 따라다녔다. 마음이 바닥으로 내려앉아도 기울어져가는 벽에서 떨어지는 흙부스러기와 구멍 난 비닐장판, 들랑거리는 바람에 허연 입김이 그대로인 냉골이었던 집에서는 등조차 기댈 수 없었다. 빛이 들어오지 않아 어두침침하고 초라했던 그곳에서는 웅크릴 수밖에 없었다.

먹빛 같은 어둠이 드리우는 결핍은 서늘했다. 불어오는 실바람도 된바람으로 느껴질 만큼 일 년에 한 번이면 족할 꽃샘잎샘이 가슴 한 쪽에 늘 자리하고 있었다. 꿈꿀 수 없는 우중충한 현실에 움츠러들고 의지처였던 피붙이들의 죽음에 옹그렸다. 자신의 세계에 갇혀 사는 아버지의 부재는 피할 수 없는 운명으로 소용돌이쳤다. 뭉개진 마음들은 사라지지 않고 끊임없이 나를 짓눌렀다. 점 하나 찍기에도 버거운 내면의 시간들로 나는 서서히 말을 잃고 침묵 속으로 가라앉았다. 그늘에 옹송그린, 눈에 띄지 않는 그림자가 되어 오랫동안 들어앉아 있었다.

되돌아보면 가슴을 긋고 간 지난 시간들이 아득하기만 하다. 멀어져간 슬픔인 것 같은, 가벼워지지 않는 습기 같은 기억들. 삼키지 못해 뭉쳐둔 사연들이 얼마던가. 삭이지 못한 비린 생각들이 오기를 더했다. 지워지지 않는 상처들이 마음자리에 고여 버석거리곤 했다. 떫은맛이 무르익은 뒤에라야 단맛이 오듯이 감은 그윽함으로 가기 위해 거센 텁텁함을 내보였는지 모른다. 누구보다 다디단 맛을 내기 위해 그토록 떫었는지도 모른다.

무섬증이 이는 캄캄한 곳에서 묵언설법 중인 감. 앉은자리에서 스스로를 아물리고 있는 그의 시간이 결연하다. 좌절도 절망도 둥글게 안아 기어이 단맛으로 승화시키는 고요가 담담하다. 빛깔로도 소리로도 제 속을 드러내지 않는 우묵함이다. 기다리고 참아내는 과정을 거쳐 더없이 깊어졌으리라.

동안거를 지나 나이테를 불린 나무처럼, 흙속에 파묻혀 싹을 틔운 씨앗처럼 풍랑이 몰아치는 푸르스름한 바다에 잠겼다 떠올라야 하는 게 세상살이일 터이다. 켜켜이 쌓인 어둠을 밀어내고 거친 숨결을 가라앉혀 침시로 거듭나듯이 고난에 달구어지고 시련이 파고들어도 안으로 궁굴려 나만의 무늬로 완성시켜야 함이다. 나 역시 아직은 성글고 옹골차지 못하지만 건너온 감의 시간들로 진득해지고 싶다. 무뎌진 내 안의 나를 일으키고 싶다.

빛으로 자신을 드러내는 반딧불이나 향으로 존재를 나타내는 유자같이 맛으로 제 안의 생명력을 보여주는 감이 우련하다. 항아리 속에서 뒤척임 없이 고요히 머물고 있는 감을 눈으로 품는다. 가을 녘 피어 올리는 감빛이 참하다. 가슴에 감등 하나 켜진다.

—『수필과비평』 2019.1

트랙을 돌며

트랙을 돈다. 어슴푸레한 빛이 발등에 내려앉는다. 하루를 완성하기엔 아직 몇 시간의 여유가 남아 있다. 한낮의 소요를 다독이며 뒤덮는 땅거미가 아늑하다. 새벽녘이 돋쳐 오르며 부산하다면 잦아드는 저물녘은 느슨하다. 등을 떠밀며 채근하는 대신, 소리 없이 깃들어 탕진한 하루를 쓸어준다.

땅이 풀리는 춘삼월이어서일까. 코끝에 흘러드는 냇내가 삽상하다. 조금 있으면 당도할 봄기운이 만연체로 파고든다. 쇠락하는 겨울과 솟아나는 봄이 걸쳐 놓은 적요 속으로 걷는다. 들릴 듯 말 듯한 발걸음 소리가 뒤따른다. 앞으로 뒤로 옆으로 걸어도 아무도 뭐라 하지 않은 무중력 상태다. 혼자 걸어도 둘이 걸어도 좋을, 오르막도 내리막도 없는 평지가 가뿐하다.

어스름이 깊어지자 경기장을 둘러싼 조명에 불이 들어온다. 암전에 들었던 속내에도 등이 걸린다. 종일 바깥으로 치닫던 소리들이 소용돌이를 이뤄 에워싼다.

그랬다. 탈출구가 필요했다. 꼬리를 무는 생각들에 엉켜 뒤집히고 넘어지는 일상이었다. 끓어오르기만 할 뿐 뚜껑을 밀어 올릴 수 없는 처지가 답답했다. 병증이 깊어 요양을 요하는 아버지와 결정을 내리지 못하는 어머니 사이에서 이러지도 저러지도 못하는 자식으로서의 고민은 해결될 기미가 보이지 않았다. 인연을 끊자며 극단에 달한 동생의 마음이 이해가 간다. 나 역시 할 수만 있다면 꼬리를 자르고 도망치는 도마뱀이 되고 싶다.

지천명이 코앞이건만, 한 번도 마음자리에 든 말을 쏟아낸 적이 없다. 출가외인이라며 두 딸의 삶에 모른 척, 선을 그어온 부모님에게 어떤 이야기를 할 수 있을까. 그마저 기억을 잃어가는 아버지에게 무슨 말을 해야 한단 말인가. 이제는 힘에 부치니 다급하게 전화하는 어머니에게 달려가면서도 부아가 치민다. 이제껏 적당한 거리를 두고 살아온 내 삶이 통째로 흔들린다.

그저 옛날 시대를 살아온 세대라고 치부해 버리면 그만이다. 아버지 곁에 있다 보니 어머니마저 마음에 병이 들어 오락가락한다고 생각하면 될 일이다. 연세 지긋한 시골 어르신들한테도 동정심을 베풀던 내가 아니던가. 자식으로서 의무라고 받아들이자고 다짐하다가도 지금까지 나를 자식으로 생각이나 했냐며 도리질 치는 마음이 발목을 잡고 놔주지 않는다.

몰아치는 회오리 속에서 벗어나고 싶다. 숨이 턱에 찰 때까지 걷고 내달린다. 내 안에 있는 모든 것들을 탕진하고 한계에 치닫고 싶다. 중력에 이끌려 바닥으로 고꾸라질 때까지 돌리라. 육신을 부리고 나면 벼락같은 깨달음이 찾아올지 모른다. 옥죄었던 나를 풀어헤치고 눌러둔 감정을 맘껏 발산시킨다.

한 바퀴, 두 바퀴 트랙을 돌수록 허벅지가 무지근해지고 장딴지가 당겨온다. 등골을 따라 땀방울이 흘러내리고 심장이 고동친다. 온몸을 도는 혈류의 파동으로 오롯한 나를 느낀다. 부모님에 관해 자유롭다 못해 태무심했던 나도, 오로지 셈법으로만 따지며 얄팍하게 살아왔던 나도 나였기에 어긋나고 부대낀다. 돌고 돌아 제자리를 찾아가듯 끓어 넘치는 사념이 가라앉는다. 무게를 짊어지고 싶지 않아 '내가 왜'라는 질문에 덤터기 씌운 핑계와 변명이 고개를 조아린다. 당신들이 그러했으니 나 역시 그리하겠다는 억지 논리로 무장했던 빗장이 풀린다. 외면하고 부정했던 내 안의 나를 만난다.

새된 소리가 썰물처럼 쓸려나가자 거친 숨소리가 잦아든다. 숨을 고르자 발바닥을 통해 전해져 오는 바닥의 탄성이 뇌리를 울린다. 단념이라고 할지 포기라고 할지 비워낸다고 할지 뭐라고 해도 좋다. 애쓰지 않으련다. 어둠 속에 지친 몸을 부리고 나면 다시 생동하는 물상처럼 무감각했던 영혼이 지극해진다.

조명이 빛을 발할수록 뒤를 따르는 그림자와 발걸음 소리가 그리움을 재촉한다. 등 낮은 불빛 아래서 저녁을 먹던 피붙이들이 생각난다. 그릇 부딪치는 소리, 두런거리는 말소리, 주고받는 온기로 따스했던 유년 시절이 내게도 있었다. 다시는 돌아가지 못할지라도 그 기억만으로도 휑했던 가슴이 따스해진다.

저 멀리 중중첩첩 주름진 산들로부터 바람이 온다. 무작스러운 바람이 불어온다 한들 당분간은 유연하게 마주할 수 있겠다. 바람이 가고 나면 산빛은 초록으로 흐드러지고 가로수는 난분분하게 꽃잎을 흩날리겠지. 부풀어 오를 봄 내음을 기다리며 트랙을 걷는다.

—『계간수필』 2021. 여름호

무

보이지 않는 마음 한 자락을 꽃 피운다. 잡다함을 지우고 민낯으로 몰입된 진지함이다. 마음자리에서 길어 올린 사유가 단단한 몸을 뚫고 나오기까지 얼마나 몰두해 있었던 걸까.

결가부좌를 튼 채 생각에 잠겨 있는 무가 있다. 시골에서 올라온 무는 낯을 틀 새도 없이 베란다 구석에 방치됐다. 침묵이 살에 스며들고 적막이 몸피를 감싸자 무는 새순을 틔웠다. 한 모금의 햇볕도 없는 곳에서 무는 제 몸을 뿌리 삼아 싹을 밀어 올렸다. 관심 가져주는 이 없이 홀로 핀 싹은 여기가 제집이라도 되는 양 낭창한 기운을 내비쳤다. 너른 밭의 배경이 됐던 지난날의 평화로움이나 계절의 기운을 새기며 열매 맺기를 기대했던 간절함이 연둣빛 줄기가 되어 한 잎 한 잎 잎사귀를 돋았다. 얼마 후 베란다에서 연보랏빛 물결이 일었다.

메마른 몸에서 피운 꽃, 무꽃이다. 여린 순에서 일궈낸 꽃잎과 오종종한 씨방의 미소에 마음이 출렁인다. 몸 어디에 이토록 아름다운 꽃을 간직하고 있었던 건지. 뽑히고 동강 나며 무의 계절은 끝이 났지만 아린 본능은 그대로다. 나를 버려야 나에게서 벗어날 수 있듯이 무는 저를 버리기 위해 속살을 허문다. 저에게서 벗어나 꽃과 씨앗을 맺을 수 있다면 피돌기가 멈춘들 어떠하리. 수분과 양분을 내어주고 아낌없이 저의 몸을 다 써버린다.

춥고 갑갑한 공간에 있었으니 마음 언저리가 뻐근했을 터이다. 불볕더위의 끝자락에서부터 서리가 내릴 때까지 무를 지지해 준 흙냄새를 맡고 싶었을 것이다. 한낮의 태양 빛과 깊어진 달빛과 별빛이 들어차면 몸피를 키우며 익어가기에 바빴던 날들이 그립기만 했을 테다. 바람을 타고 들려오는 초목들의 부비는 소리, 이름 모를 산새들의 소리, 어둠 속에서 들려오는 들짐승의 소리도 이젠 모두 다 과거다. 흘러가는 구름처럼 유연한 생이라면 태어난 곳에서 꽃피우며 생의 절정을 만끽해야 했다. 앞이 보이지 않는 이곳에 고립된 채, 불면의 나날을 보내며 하나하나 버리기로 한다.

단맛 하나 내기에도 버거운 세상살이, 겁 없이 알싸한 맛을 내왔던 당돌함을 내버린다. 짠맛에 숨죽이며 다른 맛에는 오기 부렸던 철없음을 쏟아낸다. 한가지 빛깔에 만족하지 못하고 한 몸에 두 가지 색을 두었던 웅덩이처럼 좁은 속을 버린다. 무다리라 칭하며 너부데데한 생김새를 놀려댄 뭇사람들에 대한 원망의 마음을 내려놓는다. 꽃이 필 때까지 기다리지 못하고 식탁에 오르는 운명을 팔자소관이라 탓한 체념을 떨친다.

버리고 버려 더는 남아있을 게 없는 무, 물기마저 꽃대로 올려 보내 쪼그라들어 볼품없어진 무. 두려움 없이 시들어가며 혹사한 몸으로 피워 올린 생명의 불꽃에 호흡이 느껴진다. 자신이 머금은 향을 남김없이 풀어낸 찻잎처럼 남은 생을 죄다 쏟아부은 무의 강렬함이 내게로 온다. 고요 속에서 다음 생을 도모했을 무의 시간이 흘러든다. 마치, 너를 부수고 나오라고 일침을 놓는 것만 같다.

생이란 이렇듯 한순간도 호락호락하지 않고, 한 번도 멈춰 있지 않은 두근거림으로 주어진 하루를 살아내는 것이다. 머무르는 듯 흘러가며 흘러가는 듯 머무르며 닳고 해져 남루해진 몸짓으로 삶의 무게를 감당해야 한다. 갇혀 있음을 참지 못해 독을 가진 싹을 내놓거나 고여 있음을 견디지 못해 독소를 품는다거나 상처를 버리지 못해 스스로 물러버리는 식물들은 그 짐을 이기지 못해 안으로 생을 들이지 못한 것이다. 대지에 뿌리를 내리고 사는 생명들도 발을 내딛고 살아야 하는 존재들도 매한가지다.

스스로 사그라져 웃불을 살리는 밑불이 되고 주글주글 마르고 늘어져야 곶감이 되는 것처럼 살아 있음의 문체는 혼신으로 이루어지지 않던가. 자신의 전부를 던져, 마지막 한 줌의 힘으로 겪어내야 닿을 수 있는 운명. 비루한 흔적으로 남아있는 생의 간절함이 경이로움으로 밀려온다. 살아왔고 살아갈 내일이 잇닿아 있는 지금, 이 순간 산다는 것의 소명이 함께하고 있음이다. 온몸을 통과하며 흔들어 놓는 것들에게 부딪혀 시퍼런 멍이 들지라도 스치는 생채기에 피가 맺힐지라도 부단히 품고 내려놓아야 할 일이다.

훅, 봄바람이 불어온다. 꽃을 피우기 위해 애태웠던 무의 마음들이 바람을 따라 내달린다. 나를 가두었던 자라지 못한 마음, 흩어졌던 생각들이 흩날린다. 내 안으로 비쳐든 무의 환한 빛을 따르자 푸릇하게 물든다.

그윽하게 채워진 무꽃의 향기로 나는 무가 된다.

–『수필과비평』 2018.7

마당

한길을 따라 옛집에 들어선다. 골골이 삭아 내려앉은 슬레이트 지붕이 보인다. 모로 기운 벽면은 둘러친 이끼로 거뭇하다. 쇠락하는 육신에 핀 검버섯처럼 삭막하기 짝이 없다.

누대에 걸쳐 둥지를 튼 곳이건만, 스러지는 것은 잠깐이다. 소멸할 때까지 이울어가는 육신을 지탱해야 하는 건 존재하는 것들의 숙명이다. 한때는 포부도 당당하게 볏짚으로 용마름을 올렸던 흙담이 세월의 무게에 눌려 배불뚝이가 되었다. 왕년의 수문장은 드나드는 세상 잡사에 기력이 다했나 보다. 불어오는 바람에 삐거덕거리는 소리가 요란한데도, 퇴화한 청력으로 알아듣지 못한다.

덜컹거리는 대문을 열고 마당에 선다. 온갖 풍파와 흔적을 다져 놓은 마당이 부스스하다. 살 비비며 부대끼던 기억은 잡풀에 점령당한 채 군데군데 패인 구덩이에 빗물을 담고 있다. 한 번도 바깥을 꿈꾼 적 없지만 해마다 실금을 그어대는 누옥을 수발하느라 지쳤을 테다. 적막을 파종하느라 제 그림자만 움켜잡고 견뎌냈을 시간이 허우룩하다.

마당 여기저기를 어정거린다. 조모의 저승길에 따라가지 못한 옹기 시루와 돌절구가 장독대에 엎어져 있다. 찾는 이가 없어 무위의 날에 들은 지 오래다. 살아생전 옹기 시루에 떡을 하고 돌절구에 고추며 깨를 빻던 할머니의 환영이 되살아난다. 예서 태어나고 자라 가문을 일군 할아버지가 들일을 마치고 삽짝에 들어선다. 외양간에 소를 몰아넣고 우물가에서 두레박으로 물을 퍼 올려 등목으로 더위를 식힌다. 쿵쿵 방아 찧는 절구 소리, 어푸거리는 물소리, 송아지를 찾는 어미 소의 울음소리로 마당이 흥성거린다. 캔버스에 그려진 풍경화처럼 마당 곳곳에서 이야기가 흘러나온다. 조부모의 모습은 어디에서도 찾아볼 수 없지만, 마당에 그어진 내력으로 몽상에 잠긴다.

마당은 유년의 내게 놀이 동무였다. 일 나간 어머니가 돌아올 때까지 이리저리 뒤척이며 장단 맞춰주느라 한가로운 적이 없었다. 윗집 아랫집이 모여 일가를 이룬 종갓집이다 보니 아침저녁에는 드나드는 식솔들의 발걸음으로 마당이 북적거렸다. 그나마 모두가 집을 비운 한낮에 오수에 들라치면, 담을 타고 내려오는 길냥이나 바지랑대에 앉는 제비를 보고 누렁이가 짖어대는 바람에 눈을 치켜떠야 했다. 잠시 후 조용하다 싶은 찰나, 이번에는 소녀가 안방에서 마당으로 내려선다. 떼쟁이 막냇동생을 얼러 간신히 낮잠을 재운 후 심심한 터에 밖으로 나온다. 공깃돌을 주워 공기놀이하다가 코스모스 꽃잎에 앉은 잠자리를 잡아 실로 묶어 장독대로 뒤란으로 동동거리며 날려본다. 그마저 싫증이 나면 수챗구멍의 물을 따라간다. 흙 마당을 기어가는 개미의 움직임도 쫓는다. 신발을 벗고 보송한 흙을 자분거리기엔 텃밭이 제격이었다. 툭하면 말다툼을 벌이고 삐치는 동무들은 시시했다. 빗살무늬로 단정히 몸치레하고 무엇을 하든 늘 윤기 나는 낯으로 맞아주는 마당이 푸근했다.

마당은 정박지 같은 곳이다. 노역을 마친 농기구가 귀환해서 아무 데나 널브러져 단잠을 잔 후 다음날이면 툭툭 털고, 들로 나서는 주인장을 따라나선다. 추수 끝난 짚단을 쌓을 수 있도록 모퉁이를 비워두거나 무가 땅속에서 겨울을 날 수 있도록 가장자리에 구덩이를 내어준다. 이곳저곳을 떠돌던 방물장수와 장돌뱅이가 마당가의 우물에서 갈증 난 목을 축이고 생기를 얻어 되돌아나가는 곳이다. 찌든 삶에 얼룩진 옷가지를 말려 새뜻하게 하루를 시작할 수 있게 빨랫줄을 매어두는 곳도 마당이다.

밥때가 되면 연기를 피워 올리는 굴뚝이나 때가 되면 새 볏짚으로 용마름을 얹어 존재감을 과시하는 흙담과 달리 마당은 드러낼 줄 모른다. 비가 오면 오는 대로 질척거리고 눈이 내리면 내리는 대로 얼어붙는 게 고작이다. 몇 날 며칠 휘몰아친 폭풍우에 파이고 휩쓸려도 우묵한 속내로 묵묵부답이다. 오랜 시간 무수한 발걸음에 다져지고 나서야 편평하게 제 몸을 추스를 뿐이다.

언제나 데데하기만 한 마당에 파문이 이는 날도 있었다. 아버지가 동네에서 주먹다짐을 벌이다가 멱살잡이 당한 일로 분이 풀리지 않은 날에는 살림살이가 마당으로 날아들었다. 접시라도 깨지면 남은 조각이 땅에 박히기 마련이다. 사금파리가 신발에 밟히면 이런 게 왜 마당에 있냐며 애꿎은 타박을 들어야 했다. 그럴 땐 마당의 낯빛이 잿빛으로 변하며 먼지를 피워올렸다.

곰삭은 세월이 내려앉을 때까지 제 터 위에 몸을 부린 이들을 그러안은 마당. 숱한 인연으로 마당에 다녀간 흔적들이 켜를 이룬다. 억겁의 시간 속에는 밑동이 베어진 감나무의 일대기가, 달구지를 끌러 만주에 다녀온 할아버지의 생애가, 재를 넘어 옹기 시루를 이고 시집온 할머니의 궤적이 동심원을 그린다. 아궁이에 불을 지피려고 장작을 패던 아버지의 손길이, 종갓집의 종부로 종종거리던 어머니의 발걸음이, 어우렁더우렁 피붙이들과 평상에 누워 밤하늘의 별을 세던 유년의 기억이 자리를 지키고 있다.

이제는 마당을 중심으로 행성을 돌던 이들이 하나둘 떠나버렸다. 무성한 잡초에 휘둘리는 마당의 낯빛이 수척하기만 하다. 언젠가 떠받들 누옥마저 사라지면 그제야 마당은 제 할 일을 마치고 깊은 잠이 들 것이다.

한길에서 한낮의 적막을 깨는 스쿠터 소리가 들려온다. 뒤이어 트럭이 덜컹거리며 달걀이 왔다고 확성기를 튼 채 지나간다. 바깥세상과 거꾸로 흐르는 마당의 시간이 애잔하기만 하다. 허우룩한 마당의 풍경을 담고 대문을 나선다.

—『한국산문』 2023.6

쳇다리

정지문을 연다. 볕살 몇 조각이 고개를 들이민다. 어두컴컴한 시야에 들어오는 부뚜막이 휑뎅그렁하다. 터줏대감인 가마솥이 퇴물 취급을 받으며 고물상에 팔려 간 지 오래다. 이빨 빠진 잇몸처럼 돌아오지 못할 짝을 기다리는 아궁이가 스산하다. 종지를 놓아두던 살강이며 찬장이 사라진 곳에 쌓인 먼지와 처진 거미줄로 이미 부엌은 풍화에 들었다.

그을음이 까맣게 내려앉은 흙벽마저 기울고 있어 한때는 이곳이 부엌이었다는 기억조차 사라지려나 보다. 밥물이 끓어 넘치는 소리, 타닥거리는 장작불 소리, 도마질 소리를 떠올리기가 왠지 객

짝어진다. 서늘한 기운에 발길을 돌리려던 찰나 낯익은 기물이 눈에 들어온다. 기력이 다한 듯 한쪽 귀퉁이에 기대어 있는 쳇다리다. 사시랑이 몸으로 천장에서 떨어지는 흙 부스러기를 맞고 있는 낯빛이 해쓱하다.

한번 맺은 인연을 저버리지 못해서일까. 모두가 떠난 곳에 홀로 남아 허물어져 가는 시간의 끝자락을 붙잡고 있다. 주인인 양 틈새를 비집고 들어오는 바람과 단단히 똬리를 틀고 있는 적막 속에서 기어이 자리를 지킨다.

무수한 날의 무게를 받치느라 닳고 갈라진 삭신은 비루하기 짝이 없다. 콩나물시루 밑에 깔려 수시로 물벼락을 맞고 저보다 몇 배나 무거운 맷돌을 받치기 위해 이를 악물었다. 행여나 중심을 잃고 흔들릴까 봐 온몸에 힘을 주고 버텼다. 노루잠으로 연명하는 일상은 힘들기만 했다. 자배기 위에 걸터앉아 자루 속의 콩물이 다 빠질 때까지 꼼짝할 수 없었다.

고단한 노역에 제 몸을 밀어 넣어야 했던 눈물의 짠 기가 땟물로 번져온다. 걸러지는 것들을 위해 일생을 바쳤지만, 누구 하나 알아주지 않는 노고의 흔적이 세월 따라 거무스름하게 변색되었다. 생의 지문이 몇 겹으로 덧칠될수록 차라리 버림치가 되고도 싶었을 게다. 매끈했던 몸피가 거칠어질수록 아린 한숨으로 응어리졌을 속내가 쓸쓸하다. 더께에 묻혀 삭아가는 서러움이 애잔하다.

설핏 바람이 든다. 묵은 먼지가 풀썩거리는지 싸하다. 늙수그레한 육신에 눌러앉은 세월이 삐걱대며 미끄러진다. 일흔이 넘도록 하루도 편히 살아본 적 없는 생의 무게가 힘겹게 흘러내린다.

어머니는 볼 발그레한 꽃 같은 시절에 흩날리는 꽃바람 타고 종갓집에 시집왔다. 정을 붙일 변변한 의지처가 없었기에 설레는 마음으로 초례청에 들어섰다. 일생 단 한 번도 어머니에게 사랑한다는 말을 한 적 없는 아버지다. 종손으로 귀히 자란 탓에 모든 게 아버지 마음대로였다. 늘 술을 달고 살며 집안일은 뒷전이었다. 한 툭바리의 막걸리로 시작된 새참은 주전자 몇 동이를 비우고 나서야 달빛이 박꽃을 하얗게 비출 무렵에 끝이 났다. 그런 날이면 담을 넘는 아버지 목소리를 찾아 이 집 저 집을 돌았다. 고함을 치고 드잡이하는 아버지의 바짓가랑이를 붙들고 늘어져서야 겨우 집으로 올 수 있었다. 분이 풀리지 않은 아버지는 세간살이를 마당으로 패대기치며 벼락을 쳤다. 여편네가 재수가 없어 망조가 들었다며 어머니를 몰아세웠다. 폭우가 내리는 한밤중, 마당귀에서 쏟아지는 비를 맞고 있던 어머니는 욕설을 뒤집어쓴 채 사색이 되어 벌벌 떨어야 했다. 사고로 막내아들을 먼 곳으로 보내는 화장터에서도, 큰아들의 숨이 끊어지는 중환자실에서도 아버지의 모습은 보이지 않았다. 고주망태가 되어 어딘가에 곤드라져 있는 아버지를 대신해 어머니는 통곡조차 맘껏 할 수 없었다.

사는 일은 간절하다. 간절함이 넌더리 나도록 삶을 남루하게 만든다. 알코올의 독한 기운은 아버지를 세상으로부터 가두어 버렸다. 쌀독 긁는 소리가 집안을 울리고 땔감 떨어진 아궁이가 허기에 몸부림쳐도, 너울거리는 세상이 전부인 아버지에게는 가 닿지 않았다. 사방이 하얀 벽면으로 둘러싸인 창살에 갇혀 자신의 존재마저 망각했다.

단지 여염집 평범한 아낙이기를 소망하는 어머니의 바람은 아버지의 그림자에 가려졌다. 쳇다리에 얹힌 맷돌처럼 밀어낼 수도 벗어날 수도 없는 지아비의 무게를 지탱하기 위해 어머니는 온몸을 통째로 내놓았다. 빚쟁이처럼 달라붙는 가난에 뼈품을 팔아 호구를 연명하고, 등골이 타들어 가도록 날품을 팔아 자식의 학비를 댔다. 제 몸 하나 움켜쥘 새 없이 그러안은 고통으로 뼈마디에 실금이 가는 줄도 모르고 진창말이가 될 때까지 바라지했다. 지쳐 주저앉으면 떠받쳤던 세상이 무너지기라도 하듯 터진 손끝과 발끝으로 쓰디쓴 물을 들이며 무던히 버텼다.

어둠이 슬고 얼룩진 소리가 살아나면 닳고 닳은 관절에서 된소리가 났다. 그저 살아내야 하는 천형으로 묵묵부답이었던 가슴에 선 삭은 바람이 새어 나왔다. 때로는 떠안은 무게에 짓눌리는 숨구멍을 틔워내고 싶었을 테다. 살품으로 들이치는 절망에 터져 나오는 신음마저 삼켰을 어머니가 처연하다. 성치 않은 다리를 절면서

까지 기어코 완성해야 할 가족이 있어, 숱하게 바스러지며 건너왔을 속내가 저릿하다.

세월은 원망이나 미움도 무화시켜 버릴 나이로 어머니를 데려다 놓았다. 햇살 한 줌 들이지 못했던 어머니의 육신은 당신 것이 아닌 지 오래다. 여전히 시간 밖으로 물러나 있는 아버지의 기억이 되었다가, 하나둘 떠난 자식들의 채취가 되었다가, 스러져가는 빈집의 흔적이 되어 이울어간다.

홀연히 숨소리가 들린다. 쳇다리의 갈라진 틈새에서 흘러나오는 숨이 힘겹기만 하다. 쇠잔해진 숨 위로 햇살 한 올이 내려앉는다. 오롯이 당신의 시간을 가져본 적 없는 어머니가 이제야 지워준 무게를 벗고 고요 속으로 잦아든다.

–『좋은수필』 2021.8

종이컵

내 입술과 네 입술이 맞닿는다. 딱딱하지도 차갑지도 않은 보드라운 감촉이 좋다. 네 입술을 타고 넘어오는 촉촉함에 가슴 속이 차오르고, 주저리주저리 말하지 않아도 전해오는 온기에 따스해진다. 네 도톰한 입술과 밍밍한 몸이 너와 나를 잇대어준다. 스며드는 커피의 향긋함과 달콤함은 세상사에 부딪친 모난 마음을 위로해 준다. 손끝을 감도는 가벼움은 버거운 일상의 무거움을 어루만진다.

시간의 무게를 견디는 밀도는 성찰의 결과인가. 원형의 심상인가. 알량한 자존심으로 움켜쥐고 패대기치려 할 때 여리지만 탄탄함으로 버티는 너. 습기에 휘둘려 눅눅해지고 구겨질지언정 감내하는 깜냥은 우직하다. 손안에 밀착되는 찬기와 온기의 생생함에 무기력한 순간들은 환기되고 걱정의 소용돌이는 가라앉는다. 무수한 사고의 단초는 몸체가 이루는 둔각에 뭉뚱그려지며 너그러워진다.

두터운 머그컵의 느긋함이 삶을 답답하게 하고 투명한 유리컵의 누드가 부담스러울 때 종이컵을 찾는다. 비칠 듯 말 듯 한 은은함은 투명과 불투명의 그 어딘가를 맴돌며 속내를 비친다. 책상 위에나 차 안의 홀더에 동그마니 놓여있는 종이컵. 언제 어디서 만나든 부담 없고 질리지 않는 친구 같다. 잦은 손길을 거부하지 않는 겸손함이 수수하기까지 하다.

종이컵은 귀하고 천한 걸 가리지 않는다. 일회용이지만 모든 걸 담아내는 종이컵의 용도는 무한하다. 컵 세계에서는 종전의 컵이 지닌 효용성을 거부하는 아웃사이더쯤 되지 않을까. 자판기용 컵으로 쓰이는 건 기본 중의 기본. 옆구리 터진 호떡에서 흘러나온 설탕을 맛보는 건 애교다. 떡꼬치의 빨간 소스는 감내해야 할 양념이다. 코흘리개 아이들의 서툰 붓질을 받아내는 팔레트나 물통 등 미술용품으로 격상되기도 한다. 애연가의 재떨이로, 고기 구울 때 기름받이로, 병원에선 소변을 받는 용기로 격하되기도 한다. 때로는 어두컴컴한 동굴에 들어가 압정이나 클립 동전 같은 금속성 물질을 보듬고 묵상에 전념한다. 종이컵이 할 수 있는 일은 이백여 가지가 넘는다.

한 세기 전에 자동판매기용 종이컵을 최초로 발명한 휴그무어. 그는 자주 깨지는 도자기 컵 대신 종이컵을 만들어 대대적인 선풍을 일으켰다. 종이컵이 이렇게 다양한 용도로 쓰일지 그는 상상이나 했을까. 용도뿐이겠는가. 규정되지 않은 한계는 도식적인 컵의 벽도 넘나든다. 살아생전에 무소유 정신을 설파했던 법정스님은 기내에서 받은 종이컵을 버리지 않고 몇 번이나 물로 헹궈 가며 다시 쓴 일화가 있다. 그에겐 종이컵이 일회용이 아닌, 그냥 컵이나 마찬가지였다.

어떤 컵이 이만한 일을 할 수 있겠는가. 장식장에 고이 모셔놓은 본차이나 찻잔에 번데기를 덜어 먹을 수 있으랴. 진열해 놓은 글라스나 머그컵에 면발을 담을 수 있으랴. 번듯한 이름을 가지고 있는 컵들은 고귀한 자태를 뽐내며 음료나 차, 알코올이 아니면 자신들은 아니라고 외면하기 일쑤다. 화려함과 유려함으로 치장한 컵들이 지천으로 널려 있다 한들 액상이 아니면 거들떠보지 않는 도도함에 다가서려는 마음이 차갑게 식곤 한다.

종이컵은 제대로 된 이름 하나 갖지 못한 채 단 한 번의 생을 위해 온몸으로 헌신한다. 봄꽃이 활짝 피었다 통절하게 지는 것처럼 순간의 생을 위해 열정으로 뭉쳐 있다. 자판기에서 홀더에서 누르기만 하면 낭랑한 몸짓으로 목마른 감성을 채워주고 삶의 온도를 높여준다. 그 묵묵함에 마음을 내려놓고 한 걸음 내디딜 용기를 낸다.

할아버지는 언제나 집안의 듬직한 조력자였다. 큰일이야 직장에 다니는 아버지가 하셨지만, 그 외의 자질구레한 일은 할아버지께서 도맡아 하셨다. 농사일은 물론 손주들 돌보는 일도 할아버지의 몫이었다. 할아버지는 봄부터 가을까지 논에서 살다시피 하며 열두 다랑논을 경작했다. 아침을 먹고 해가 중천을 향하면 어머니는 양은 주전자를 내 손에 들려줬다. 새벽녘에 나간 할아버지 새참 막걸리 심부름이다. 어머니의 권으로 동네 점방에 들러 막걸리 반 되를 산 나는 느릿느릿 발걸음을 옮겼다. 길가의 풀꽃들과 나비들의 너울춤에 온갖 해찰을 하다 보면 한참 후에야 논두렁에 다다를 수 있었다.

"이 밥통, 이제 오니? 허허허."

점심때가 지나서 도착한 손녀를 보고 노여워할 법도 하건만 할아버지는 너털웃음을 지으며 미적지근해진 막걸리를 드시곤 하셨다. 해가 지고 소에게 꼴을 다 먹이고 나면 할아버지는 집으로 돌아갈 채비를 했다. 그때쯤 잠이 몰려온 나는 다리 아프다며 업어 달라고 떼를 썼다. 할아버지는 우는 나를 바지게에 태우고 소를 몰고 집으로 돌아오곤 하셨다.

햇볕이 내리쬐는 날이나 비가 오는 날이나 할아버지의 막걸리 심부름은 언제나 내 몫이었다. 막걸리 심부름 뒤에는 늘 어리광이 붙어 다녔다. 업어 달라, 사탕 사 달라, 연필 깎아 달라, 숙제해 달라, 학교에 데려다 달라, 주전자 하나에 어리광 열 가지를 덧붙여 할아버지께 매달렸다. 여간하여서는 하지 않던 어리광이지만, 할아버지한테만은 예외였다. 끝없는 손녀의 요구에도 할아버지는 '이 밥통' 하시며 어리광을 다 들어주었다.

유년 시절 할아버지가 베풀어 준 격려는 어린 손녀를 자신감이 넘치는 아이로 만들었다. 불어넣어 주었던 애정은 지금까지 아련한 감성으로 남아 있다.

종이컵에는 할아버지의 손길처럼 보듬어 주는 살가움이 있다. 우아한 자태만을 내비치는 잔에서 볼 수 없는 진심이, 부딪침에 여지없이 날카롭게 상처를 주는 컵에서 볼 수 없는 가상함이 있다. 자신을 비우고 주어진 소명으로 채우는 삶, 채운 풍요를 타인에게 불어넣어 주는 삶, 마음이 흘러 흘러 타인을 여물게 하는 삶. 그것이 종이컵의 생이다.

사용 후엔 지는 꽃잎이 되어 행인의 발길에 차이거나 무관심 속에 잊힌다. 서술되지 않은 종이컵들의 사연은 디스펜서에 겹겹이 쌓이며 사장된다. 일회용이라는 꼬리표를 달고 환경오염의 주범으로 낙인찍히기도 한다. 컵의 세상에서는 주류가 아닌 비주류의 신세가 되어 홀대 받는다. 그럼에도 종이컵은 거추장스러운 퇴장을 거부한다. 인과관계를 따지지 않는 간단명료함이다. 자신을 수식해 줄 글자 하나 없어도 퇴장할 때 박수 하나 없어도 조용히 침잠한다. 이루지 못한 사랑의 아쉬움처럼 못다 한 생의 그리움을 지난 시간 속에 묻어둘 뿐이다. 진정한 아웃사이더다.

예측할 수 없는 앞날이지만 다감한 감성이 흐르는 하나의 종이컵처럼 내 일상에도 소명을 다한 진심이 깃들기를. 도란거리며 달래주는 부드러움이 가득하길.

－『수필과비평』 2017.7

바게트

터질 대로 터져라. 쿠프가 벌어지고 속살이 차오른다. 칼금을 그은 껍질 사이로 속결이 뚫고 나올 기세다. 뜨거운 열기 속에서 맘껏 팽창한다. 노릇하게 제 색을 갖추자 오븐 밖으로 나온다. 안과 밖의 온도 차로 바삭거리는 소리가 생동한다. 저다움을 구현하는 소리가 거침없다.

반으로 잘라 베어 문다. 한입에 느껴지는 맛이 아니다. 바삭한 껍질과 폭신한 속결은 씹어야 배어든다. 씹을수록 바삭한 껍질의 '바게트다움'이 전해져 온다.

바게트는 세상 한가운데서 저만의 호흡을 이어간다. 여타 반죽처럼 치대는 레시피를 따르지 않는다. 억지로 주무르지도 않는다. 반죽에 힘을 가하지 않고 오랜 시간 발효한다. 반죽틀에 갇힌 정형을 거부하며 스스로 모양을 찾아간다. 자연스러운 흐름으로 깊은 맛을 끌어낸다.

이보다 더 솔직할 수 있을까. 들쑥날쑥한 기포가 주는 자유는 거칠다. 뭇사람들의 감흥을 불러일으킬 만한 조밀한 결도 풍성한 모양새도 아니다. 이것저것 넣어 미각을 홀리거나 본연의 맛을 가리는 부재료를 첨가하지 않는다. 밀가루, 물, 소금, 이스트로만 만들어 검약하다. 충전물로 속을 채우고 달달하게 치장하는 빵들 속에서 무덤덤하기까지 하다.

수프에 찍어 애피타이저로, 밋밋한 주식빵으로, 샐러드에 더해져 후식으로, 와인에 곁들여진 안주로 바게트는 어디에나 어우러진다. 무뚝뚝하지만 속정이 깊은 사람처럼 과하지 않아 질리는 법이 없다. 별맛이 없는데 자꾸 생각나는 맛이다.

어쩌면 지금껏 빵의 담백한 맛을 가리는 단맛이나 풍성한 맛에 호도됐는지 모른다. 먹자마자 단박에 느껴지는 맛이어야 제대로 먹었다는 조급증에 시달려온 탓이다.

어느 빵보다 힘을 주지 않는 바게트는 만들기가 어려웠다. 빵이란 부드러워야 한다는 고정관념에 얽매여 무조건 힘을 줘서 찰기를 더했기 때문이다. 불혹의 끄트머리에 섰으니 누구보다 세상살이의 공식에 익숙하다. 몸에 배어 있다 보니, 일상 또한 수학 문제를 푸는 것처럼 괄호 속의 답을 찾아 계산기를 두드렸다. 마음을 써주지 않는 부모님에게 효도는 아니더라도 으레 자식으로서 의무를 다했다. 좋고 싫은 일에 마음을 나누기보다 받은 만큼만 하겠다며 거리를 뒀다. 직장에서 만난 동료들과는 어느 정도 선을 그었다. 가까이 지내다가 뒤돌아서는 관계가 되기 싫다는 이유였다. 당장은 그게 편할지 몰라도 갈등과 화해, 이해와 포용이 빠진 관계는 건조하고 윤기가 없다. 끝내는 몸과 마음에 탈이 나기 일쑤였다. 어찌 살아가는 일이 딱 떨어지는 정답만 있으랴.

바게트에서 최고의 난도는 필요 이상의 가스와 압력을 빼는 칼집 내기다. 발효된 반죽의 거죽이 적당히 말랐을 때 칼금을 그어 일침을 가한다. 끝없이 부풀어 오르려는 오만과 헛바람으로 되바라지려는 무언가를 터트려 주는 것이다. 반죽을 마냥 팽창시키는 게 아닌, 일정하게 부풀려 속결을 좋게 하기 위함이다.

인간관계가 주고받음의 관계만은 아닐진대, 셈법에만 골몰해온 지난날은 명백한 나의 자만이다. 감정 소모를 피한답시고 되도록 침묵으로 일관하는 대처법은 불통이라는 오해를 불러일으켰다. 손을 내미는 상대의 호의를 애써 무시하다가 콧대가 높다는 뒷말을 듣기도 했다. 마음을 내주지 않는 아집에 발등을 찍힌 꼴이다. 정해 놓은 틀에 욱여넣으려다 스스로 굴레에 갇혔다.

이제껏 취미로 해오던 베이킹에서 주력 품목은 식빵이었다. 사각 틀에서 부풀고, 정해진 모양으로 구워져야 만족스러웠다. 살아가는 일조차 도식화한 내겐 당연한 일이었다. 칼금을 긋지 않은 바게트 반죽이 급격하게 부풀어 오르듯이 머리로만 생각하고 가슴으로 받아들이지 않은 감정들이 차고 넘친다. 옆구리 터져야 쿠프 사이로 부들부들한 속살이 차오르는 것처럼 오만으로 가득한 내 삶의 덩어리에도 일침을 가할 일이다.

별다른 생각 없이 먹던 바게트가 주는 여운이 길다. 누룽지처럼 바삭거리는 겉과 쌀밥처럼 촉촉한 속이 어우러지는 이중주가 모든 감각을 관통한다. 주어진 레시피에서 벗어나 고유의 힘으로 식감을 살려야 가능한 일이다. 만드는 이에 따라 특유의 모양으로 볼륨을 형성하는 쿠프가 바게트의 묘미인 것처럼 진정한 나를 찾아 성형할 일이다.

바게트를 한입 베어 문다. 입안으로 살포시 녹아들며 내 안으로 스며든다.

—『계간수필』 2024. 봄호

그랭이질, 시간을 잇다

적멸의 한 끝에 닿은 부동심이다. 막돌에 치받혀 제 살점이 파이고 깎인들, 허공을 향해 치솟는 굳은 결의다. 기어이 지붕을 떠받들겠다는 강인한 신념이다.

돌덩이와 한 몸이 된 나무가 있다. 덤벙주초를 바닥에 결박하기 위해서라면 깎이고 또 깎이리. 거칠고 모난 돌에 받혀 나무는 숱하게 생살을 도려낸다. 제멋대로인 돌덩이에 굴하지 않고 한 치의 오차 없이 그랭이질[1] 로 맞물린다. 울퉁불퉁한 주초가 옴짝할 수 없도록 수직으로 결구를 이룬 후, 그 힘으로 육중한 무게를 버틴다.

---

1) 두 부재가 만날 때 맞닿는 면을 일치시키기 위하여 어느 한쪽 부재를 다른 부재의 모양대로 따내는 일련의 작업

누대에 걸쳐 무너지지 않을 뼈대로 기와지붕을 지탱한다.

삽상한 바람이 묻어나는 가을 녘이다. 삭막한 하루에서 벗어나고자 도시를 떠나왔다. 잡다한 일상사야 며칠쯤 뒤로 물리면 그만이다. 부대끼는 숨결 가라앉히며 여유를 찾기엔 옛 고을이 제격이다. 시간이 과거로 돌아간 듯 토담에 둘러싸인 의령 오운마을을 찾았다. 크고 작은 돌들이 늘어서서 질서를 이루어내는 풍경이 고즈넉하다. 회색 콘크리트에서 볼 수 없는 우둘투둘한 질감에 절로 손이 가닿는다. 거친 촉각 위로 태곳적 바람이 스치고 금방이라도 옛 사람들이 나타나 어우렁더우렁 한담을 나눌 것만 같다.

유난하지도 북적이지도 않아 걸음마저 느려진다. 구불거린 담장 길을 돌아 종중 재실로 쓰이는 고택에 들어선다. 발걸음을 내딛자마자, 훅 숨을 들이마신다. 온 세상의 무게를 떠받친 기둥이 거기 있었다. 모든 세파를 평정한 곧은 매무새로 우람한 팔작지붕을 받치는 중이다. 볕살이 자리를 잡겠다고 비집고 들어와도, 지나던 바람이 주인인 양 쉬었다 가려고 머물러도 기둥은 요지부동이다. 저를 드러내거나 내세우지 않는다. 있는 듯 없는 듯 고택을 옹위하는 기둥이 느껍기만 하다.

직립의 운명이었을 테다. 초록 성성했던 시절의 푸른 호흡은 바스러진 지 오래다. 뿌리를 자르고 잎사귀를 떨군 맨몸뚱이로 막무가내 돌덩이에 맞서는 모습이 환영처럼 스쳐 간다. 목숨을 내건 채

전장에 뛰어든 전사 같다. 가지를 늘이고 열매만 맺으면 그만이거늘, 제 터에서 누릴 안온을 벗어던지고 기둥으로 분한 의지였을 것이다. 어지러운 세상사에 분연히 일어나 온갖 고초를 극복해야 할 사명이었을 게다.

중력을 거스르며 짓눌리는 하중 지탱하느라 무작정 밀어 올렸다. 갈라지고 터진 속살 드러나도록 온 생애를 다 바쳤다. 무수한 한숨 뼛골에 새기며 써 내려간 내력이 까슬하다. 천둥 번개가 엄포를 놓고 태풍이 휩쓸어 버릴 적엔 이고 진 무게로 막아섰다. 뒤엎어 버릴 듯 쏟아붓는 폭설의 으름장에도 꼿꼿이 곧추세웠다. 모진 풍파가 휘몰아칠수록 사력을 다해 버텼다. 밀리면 무너진다는 절박함으로 누옥을 온전히 떠받쳤다. 온갖 난장에도 돌덩이의 기세를 누르며 힘을 모으고 있는 기둥이 묵묵하다.

애당초 기둥이 없으면 한 채의 집채도, 가문도, 한 나라의 운명도 장담할 수 없다. 초가삼간이건 구중궁궐이건 엄청난 무게를 버텨내는 기둥이 있어 오랜 세월을 내려왔다. 돌의 요철에 맞물려 수없이 깎고 다듬는 그랭이질로 단련된 버팀목은 존재만으로도 당당하다. 온몸을 실어 고행 속으로 밀어 넣는 힘이 거침없다. 제아무리 무지막지한 돌덩일지라도 틈새 하나 없이 밀착하는 기둥을 넘어설 길이 없다. 수굿이 바닥에 엎드릴 뿐이다.

가만히 귀 기울이면, 결결이 갈라진 기둥 사이로 우렁한 함성이 흘러나온다. 이 한 몸 헐어 받들겠다는 결기가, 결단코 대적하고야 마는 서사가 수백 년 시공을 건너와 가슴을 뒤흔든다. 어떻게든 직립하겠다는 의지로 잘리고 파이는 고통을 감내한 기둥의 거친 숨소리가 귓가에 파고든다. 짐 지워진 무게의 비애조차 침묵으로 삭인 마음자리가 웅숭깊다. 부딪칠수록 오롯이 저를 내놓는 희생과 헌신으로 담금질한 결과이다.

의병의 고장 의령에서 만난 기둥이 마음을 붙잡아 둔다. 방패막이의 노역을 순명으로 받드는 의로운 존재가 가슴을 두드린다. 처처에 이름난 기둥도 아닐진대, 갈고 파내 보듬은 사연이 단단하다. 지나는 객의 눈길에 아랑곳없이 제자리를 지키는 우직함으로 역사를 잇댄 궤적이다. 세월이 빗금을 긋는데도 흔들리지 않는 무심의 경지다. 천년이 가도 변치 않을 믿음으로 앞장서는 선봉장이며 수호신이다.

그간 맞부딪치며 숱하게 꺾이고 주저앉았다. 현실에 맞서느라 밥벌이에 점령당한 영혼은 무감각해졌다. 바윗덩어리처럼 불거지는 한숨에 무너지기 일쑤였다. 고된 노동으로 어둠에 묻힌 내면은 체념의 그림자에 갇혀 무력했다. 살아내야 하는 하루조차 중심을 잃은 육신으로 종종 비틀거렸다. 헤쳐 나가는 뚝심이 부족한 탓에 마음 한 자락 추스르지 못한 나날이었다.

시름에 잠겨 잠시 일상에서 물러나 앉은 참이었다. 은근슬쩍 세상살이의 무게를 기둥에 얹은 채 위로받으려던 얄팍한 속내가 부끄러워진다. 묵중한 기둥의 힘을 빌려서 내 삶을 견고하게 세우고 싶은 소망이라고 애써 핑계를 대보지만, 꼭뒤가 뜨끔거린다.

그러고 보면 그랭이질은 살아가는 이치이며 절대적인 가치이다. 고난과 시련을 끌어안고 기꺼이 나를 내던져야 얻을 수 있는 생의 의미이다. 황동추에 몸을 부딪치며 소리를 부르는 종처럼 부시에게 두들겨 맞으며 불을 일으키는 부싯돌처럼, 혹독하리만큼 나를 내놓는 희생으로 역경을 이겨내는 몸짓이다. 밀어붙이는 외가닥 힘으로 끝 모를 허공에 우뚝 선 무게중심일지니, 그랭이질로 난세를 돌파한 기둥의 궤적이 벼락같은 경구로 와 닿는다.

구국을 향해 타오른 기둥을 바라본다. 천형 같은 운명을 능히 받드는 기둥이 굳건하다. 어떤 어려움도 무찌를 강건한 몸피에서 호국의 숨이 맥박친다. 그 숨결을 이어온 이 땅의 기둥들을 경배한다. 시대의 질곡을 떠받쳐 온 기둥에 서린 의병의 혼이 뭇사람들의 마음을 지피리라.

산마루에서부터 서서히 어둠살이 내려앉는다. 고택이 거느린 풍경을 뒤로하고, 속세로 되돌아갈 시간이다. 들고나는 바람에 옥죄던 상념을 내려놓으니 한결 차분해진다. 곤비한 영혼을 다잡고 흐트러진 자리를 사릴 여유를 마음에 들인다. 삶의 힘받이가 되어줄 기둥을 눈으로 품는다.

- 『수필과비평』 2025.11

조피볼락

고동치는 심장으로 튀어 올라 허공을 후려칠 기세다. 날카롭게 세워진 등지느러미에 찔린 듯 아려온다. 부릅뜬 눈은 소멸한 시간을 타고 되돌아온 듯 생동감이 흘러넘친다. 육신은 사라졌지만, 어탁이 되어 쏟아내는 어기찬 기운이 액자가 걸린 벽면을 가득 채우고 있다. 두꺼운 입술과 부리부리한 눈망울의 우직한 영혼이 내 안을 들이민다.

조피볼락은 잘나지도 못나지도 않았다. 갈치의 은빛처럼 화려하거나 눈에 띄지도 않는다. 아귀나 물메기처럼 못생김의 끝판왕은 아니고 쑤기미와 삼세기보단 준수하다. 우럭 똥새기 우레기라 불리는 촌스러운 별칭이 생김새를 낮잡아 보이게까지 한다. 수박

향이 감도는 은어의 귀티나 가슴지느러미를 펼치고 날아오르는 날치의 영민함에 비해 내세울 게 없다. 닮은꼴로 통하는 꺽지가 수시로 변색을 하는 것과 달리 밑바닥의 색을 몸에 입혀 위장하는 신공도 물살을 가르는 질주 능력도 없다.

이도저도 아니라면 몸 어딘가에 강력한 한 방쯤은 장착하고 있어야 하지 않는가. 천적으로부터 방어할 이빨이나 독을 품은 독선 정도는 돼야 하지 않느냔 말이다. 그도 아니면 부레에서 소리를 만들어 적을 위협하는 호기라도 부려볼 만한데 조용하기만 하다.

밋밋하다고 해야 할지 초연하다고 해야 할지. 한세상 건너는데 별다를 게 없는 처세술이다. 겁 없이 휘젓고 다니던 치어의 시간, 적을 피하던 은둔의 시간, 종족 보존을 위한 환희의 시간을 나이테에 새기며 덤덤히 유영하는 조피볼락. 암초 지대에 터를 잡고 자기 자리에서 벗어나지 않기 위한 날들이었다. 수심이 깊은 바닥의 험한 암초와 가라앉은 폐선에서 은인자중하며 몸피를 불렸다. 무른 뼈와 살을 여물리기 위해선 찬물이 제격이었다. 무리 지어 바다의 무늬를 만들기도 하고 어둠 속에 갇힌 거친 시간을 돌기도 했다.

보이지 않는 여정을 마치고 뭍에 올라 남은 생을 보시하는 존재. 바다를 떠나왔다고 해서 제 세상을 향한 꿈까지 버린 것은 아니다. 낡은 어선에서 환한 어항에서 궁색한 좌판에서 해풍에 내몰린 비린 생을 풀어 놓는다. 어쩌다 낚싯바늘에 걸린 조피볼락은 한껏 입을 벌리고 등지느러미를 세운다. 뜰채에 오르는 순간부터 도마 위에 올라 숨이 떨어질 때까지 펄떡거린다. 온몸을 뒤흔들며 바닥을 친다. 더는 바다의 삶을 살 수 없어 거친 야성으로 몸부림친다. 세상 한 귀퉁이에서 검불처럼 스러질지언정 만신창이가 될 때까지 퍼덕이는 몸짓이 맹렬하다. 칼날 아래서조차 제 몸에 손대는 것을 거부하는 자유를 향한 결기가 비장하다.

살을 발라내고 남은 가시에서는 억센 힘이 느껴진다. 요동치는 풍랑을 나직하게 읽고 흘려보낸 굴곡진 시간이 뼈대를 타고 흐른다. 죽어서도 단단한 등뼈로 자기다움을 남겨 놓은 치열함이 고스란하다. 가시에 남아 있는 한 호흡 한 호흡 생의 기억들에서 지느러미가 다시 돋쳐 오를 것만 같다. 못난이로 불리는 모과가 속은 썩어가면서 끝까지 향기를 내뿜는 것처럼 제 깜냥대로 존재의 실존을 증명하는 조피볼락이 통렬하다. 운명을 바꿀 만한 비범함은 가지고 있지 못해도 무던한 하루를 쌓았을 최선이 빛을 발한다. 치열했을 그의 하루가 아득하다.

사는 방식이 다른 저마다의 생이다. 독설과 개성이 눈길을 끄는 시대라지만 눈에 띄지 않는 거무튀튀한 몸빛으로 자신을 던져 삶을 일갈하는 그의 몸짓이 숭고하다. 온몸이 귀가 되고 눈이 되어 전방을 주시하며 소리 없이 기운을 결집하는 존재. 머리를 치켜들고 흐르는 물살을 버티며 세상을 살피는 존재. 주어진 시간이 소진될 때까지 혼신을 다해 살아 있음의 발성을 멈추지 않는 생의 기척이 묵직하다. 제 몸 하나로 바닷속 길을 뚫었을 역동성이 탁본 된 액자 속에서 살아 숨 쉰다. 먹물로도 감출 수 없는 눈부신 비상이 내 가슴에 날아와 박힌다.

그냥저냥 살아온 날들이었다. 바람이 불면 부는 대로 햇살이 비치면 비쳐드는 대로 몸을 맡기면 그만이었다. 시들지 않는 조화처럼 생기나 향기 하나 없이 겉치레로만 살아왔다. 몰입할 만한 열정도 뚜렷한 의지도 품지 못했으니 건조한 일상이었다. 숨이 차도록 내달려 본 적 없는 느림보 걸음이었다. 스스로 길을 만들지 못하고 내 앞에 꽃길이 펼쳐지길 기대한 제자리 인생이었다. 다부지게 살아내지 못한 시간이 무겁게 달라붙는다.

깊어지고 가벼워져 심연에 도달하는 조피볼락처럼, 한곳에 머물며 솟구쳐 오를 수 있을까. 가라앉지도 튀어 오르지도 못해 파닥거리지나 않을는지. 거무스름한 그림자가 아슴푸레하게 번진다.

–『좋은수필』 2019.6

밭

한눈에 내려다보이는 밭들. 다랑이 밭 같다. 산기슭 제법 깊숙이 위치한 밭이지만 어김없이 봄은 여기에도 찾아오고 있다. 굳었던 땅들은 부드러워지면서 숨구멍을 연다. 숨구멍 사이를 스치는 흙 내음이 진하다. 그 내음에 대지의 감각들은 자리를 털며 기지개를 켠다. 밭고랑에서 움튼 풀씨들의 얼굴이 해맑다. 척박했던 땅속에서 시린 계절을 보내고 수런수런 올라온 그들의 생명력에 감탄한다. 봄바람이 휘감아 전해준 청명함에 묵묵했던 밭도 한결 온화해진다. 밭의 품이 넉넉함으로 푸근하다. 그 모습이 아버지의 품처럼 따사롭다.

모아 놓은 고춧대 옆으로 희멀건 돌멩이 하나가 보인다. 나직이 소리가 난다. 소리를 따라 밭둑을 걷는다. 한 발자국 두 발자국 저만치 모로 움푹 팬 발자국 하나가 있다. 투박한 밑창 무늬의 발자국은 왼쪽으로 치우쳐 깊이 박혀 있다. 아버지의 발자국이다. 아버지는 교통사고로 다리 골절상을 입으셨다. 두 번의 수술을 하였지만 잘 아물지 않은 탓에 절름발이가 되었다. 오른쪽에 힘을 싣지 못하는 까닭에, 왼쪽 다리에 힘이 더 가해져 발자국은 왼쪽으로 더 깊이 나 있다. 그 발자국은 늘 밭고랑을 향하고 있다. 할아버지가 돌아가셨을 때도, 장남을 화장시킨 다음 날도. 지독하다고 소리치는 딸년의 외침은 메아리가 되어 아버지의 가슴에 생채기를 냈을 뿐이다. 육 남매의 장남으로서, 한 여인의 지아비로서, 사 남매의 아비로서 늘 무겁기만 한 봇짐을 짊어져야 했던 아버지. 그 무게만큼 깊이 새겨졌던 발자국. 일흔이 넘어 지친 육신에 짐 하나가 더 생긴 아버지. 온전한 발자국 하나 만들지 못하는 아버지의 삶이 애잔하다.

지난날 산 숲정이를 하나의 밭으로 만들기 위해 아버지는 무수히 많은 날을 들녘에서 보냈다. 새벽부터 어스름 짙어질 무렵까지 아버지의 발자국은 밭둑을 맴돌았다. 끼니때면 동네 점방에서 사 온 막걸리로 목을 축이는 게 전부였다. 해가 산자락을 넘을 무렵이면 취기가 오른 아버지는 '돌아와요, 부산항에'를 부르곤 하셨다. 노래 한 곡조에 삶의 고단함을 풀어낸 것이다. 시끄럽게 울어대는 개구리 울음소리에 어둠이 잠겨 들면 아버지의 경운기 소리는 탈탈거리며 고샅을 돌았다. 허청대는 경운기와 한 몸이 된 퀭한 눈의 아버지. 어슴푸레한 달빛만이 아버지의 굽은 등을 비춰주고 있었다.

아버지는 심을 씨앗들이 잘 자라길 바라며 흙을 갈아엎었다. 쇠스랑으로 단단한 흙을 고르며 이랑을 만드셨다. 호미로 돌을 골라가며 두둑을 올리고 고랑을 치셨다. 아버지는 쏟아지는 장대비로 스며드는 물길을 돌리기 위해 흙짐을 짊어졌고, 멧돼지의 발길질을 막기 위해 돌담을 올리셨다. 아버지의 땀방울은 소담한 열매가 되어 자식의 배를 불렸다. 몸을 낮춰 키워낸 채마들은 자식의 키를 키웠다. 그때마다 아버지의 몸은 작아져만 갔다.

그땐 왜 몰랐을까. 아버지는 버거운 삶의 무게에 넘어지지 않으려고 버티고 있었다는 것을, 피눈물 나는 생의 설움을 모두 다 밭의 숨결에 토해 내고 있었다는 것을, 그 숨결에 기대어 다시금 자박자박 걷고 있었다는 것을. 절룩거리며 걷는 아버지의 뒷모습이 풍상고초를 겪은 밭 같아 애처롭다.

밭은 단지 머무르게 할 뿐이다. 씨앗들은 머물면서 열매를 맺는다. 비상하는 새들은 머무르며 쉼표를 찍는다. 석양의 노을은 머무르며 여운을 남긴다. 낙목한천에 놀란 미물들은 언 땅 밑으로 생명의 숨결을 머무르게 한다. 고요한 가슴 속 자식 잃은 아비의 울림도, 가장의 짓눌린 무게도 머무르게 한다. 들녘의 침묵 속에 잔잔히 잦아들게 한다. 우듬지 까치 소리가 여명을 깨운다. 풀잎에 새벽이슬이 아롱지면 멈췄던 삶의 맥박은 다시 뛰고, 지난날 고단했던 삶의 속살은 굳은살이 되어 단단해진다.

머물렀던 것들이 모두 떠나고 홀로 남겨진 밭. 어린 자식들이 다 자라 제 둥지를 찾아 떠난 후에도 빈 밭을 홀로 지키시는 아버지. 아버지의 가슴은 텅 빈 밭처럼 고요하기만 하다. 밭의 적요함은 본성이 지닌 허무함이다. 가진 것 없는 허무가 아닌, 제 것을 고집하지 않는 허무함이다. 밭은 한 번도 제 것을 가져본 적이 없다. 가진 것이 없기에 내세울 일도 고집할 일도 없다. 아버지는 한 번도 자신의 삶을 살아본 적이 없다. 품에 매달린 자식들을 키우기 위해 평생 자신의 밭은 비워두고 사셨다. 내세울 것 하나 없이 오롯이 품기 위해 수많은 감정의 골을 담아내고 비워온 아버지. 쉼 없이 담금질해 온 아버지의 앙상한 가슴팍이 서러움으로 여울져 온다.

올해도 아버지는 어김없이 이랑을 타 놓으셨다. 봄이면 씨앗을 뿌리고 가을이면 수확하는 삶을 살아내시겠지. 매해 같은 삶을 살아내지만, 올해엔 유독 아버지의 모습이 봄빛 찬란하게 피어나는 매화꽃처럼 향기롭다.

오도카니 패어 있는 아버지의 저 발자국. 잔잔히 일렁이는 내 마음에도 아로새겨진다.

– 『수필과비평』 2016.7

돌절구

달빛이 들어온다. 동그랗게 모아진 빛이 온 우주의 기운을 담은 듯 고아하다. 시공간을 뛰어넘어 수천 년 전부터 사용해 온 기물의 자취가 시간을 물들인다. 달빛에 풍덩 빠진 집게벌레만이 고즈넉한 여운에 잠긴다.

장독대 옆에서 긴 세월을 이고 앉은 돌절구. 포효하며 요동치는 암장의 담금질로 얻은 돌의 단단함 때문인가. 땅속 깊은 어둠 속에서 고행을 통해 얻은 태초의 생명력이어서일까. 과거와 현재를 품고 미래를 이어가는 돌의 영속성이 절구의 침묵을 깨운다.

불어오는 명주바람에 노구의 심장소리가 실린다. 구슬땀을 흘리며 돌을 쪼아대던 이름 모를 석수장이의 숨소리도 들려온다. 억겁의 세월을 새긴 채 잠들어 있던 화강석은 석공의 발자국 소리에 눈을 뜬다. 땅 속에 파묻혀 세상을 떠받치고 있던 무한한 힘의 존재에 석공은 가벼운 떨림을 느꼈으리라. 분출하지 못한 한을 안으로 가뒀던 화강석은 저를 알아본 석공의 손길에 집착을 내려놓고 온전히 결을 내어 준다.

석공의 투박한 손은 원석의 무늬를 가늠하며 먹줄을 긋는다. 칠해진 줄 위로 군데군데 구멍이 뚫리고 쐐기가 박히면 화강석의 뭉친 세월이 허물어진다. 틈으로 물을 흘려보내면 수억 년 간 꿈쩍 않던 자아는 느슨해진다. 해머의 내리침과 지렛대와의 사투를 마지막으로 비로소 돌이 갈라진다. 덩어리로 쪼개진 돌은 혼신의 힘을 다하는 석공의 손에서 절구의 형체로 변해간다. 거대한 돌덩이길 바라는 불변의 아집은 조각조각 쪼개지며 버려진다. 땅 속에서 새겨진 나이테를 고집했던 미련도 산산이 깨진다. 약한 물성에 강하게 맞섰던 교만도 무너진다. 제 안의 틀을 오롯이 벗고 절구로 거듭난다.

탕탕 쩡쩡 저의 몸을 두드리고 깨부수는 천형 같은 망치와 정의 손길을 참아내느라 절구의 몸과 맘은 만신창이가 된다. 나무라면 옹이라도 새기고 사람이라면 굳은살이라도 박이겠지만 아픔조차 에둘러야 했던 시련이 절구의 몸피에 우둘투둘하게 서린다.

상체는 U자형, 몸태는 Y자형으로 굴곡을 이룬다. 일자형의 나무 절구가 밋밋하다면 투박한 맵시의 돌절구는 도리암직하다. 귀티라고는 찾아볼 수 없어 소박하다. 유려함과는 거리가 멀어 토속적이다. 울퉁불퉁하게 감쳐오는 질감은 복성스럽기까지 하다. 육중한 무게에서 나오는 깊이는 직립의 의지를 세운다. 비바람에 파이고 깎일지언정 움츠러들지 않는 기개는 어딘가에 뿌리를 내리지 않고도 꼿꼿이 설 수 있는 힘을 지니게 한다.

우묵한 외형은 석공의 웅숭깊은 내면을 담아낸다. 단 한 번의 잘못된 정질로도 다듬던 절구를 버려야 했기에 석공은 명경지수와 같은 마음이 되어야 했다. 석굴암 대불에 호흡과 맥박이 살아 있고 피가 돌 듯 절구에는 석공의 치열한 삶의 혼이 고스란히 드러난다. 석공의 부르튼 살갗과 피멍으로 얼룩진 거친 손의 온기는 절구의 체온이 되어 흐른다. 오롯이 쏟아 붓는 석공의 기가 절구의 마음자리가 된다. 석공과 절구가 한 호흡으로 부딪치고 파이며 교감을 이루어낸 물아일체의 경지다.

가만히 귀 기울이면 절구 속에 깃든 축약어들이 살아난다. 수천수만 개의 소리가 거북이 등껍질에 새겨진 갑골문자처럼 내 마음에 새겨진다. 끓어오르는 마그마의 불길 소리, 고막을 찢을 듯한 돌 깨지는 소리, 곱게 쪼아대는 도드락망치 소리, 득득 갈아내는 순응의 소리, 중생대 시절부터 내려온 수없이 많은 소리가 침묵이 되어 절구의 무늬에 덧씌워진다.

귀천을 가리지 않고 받아들여 기물의 의미를 완성하는 절구, 자신이 지닌 원초적인 힘을 버리고 한 자리를 지켜온 존재. 부딪쳐 깨어지기를 두려워 말라며 무언의 설법을 전하는 듯하다. 나를 데우지 못하면 타오를 수 없는 불꽃처럼 그러안은 시련으로 무아에 도달했음이리라.

온몸으로 감당한 궤적이 내 안으로 내려앉는다. 맞부딪치려 하기보단 옹송그렸다. 뛰어들어 견뎌내기보단 피하려고만 했다. 내 속에 든 나약함으로 스스로를 가둔 시간들이었다. 온전히 고난과 하나가 되어 보지 못했으니 설핏 이는 바람에도 흔들리기 일쑤였다. 펴보지 못하고 져버린 꽃잎처럼 정점에 도달해 보지 못한 어중간함이었다. 살아온 시간만큼 닿지 못하는 심연이 통점으로 일어선다.

봄이면 풀빛으로 겨울이면 흰빛으로 계절의 옷을 입고 지금 이 시간엔 잔잔히 밀려오는 달빛을 가득 담아내는 절구에게서 무르익은 세월의 여운을 느낀다. 은은하게 흐르는 숨결이 질박하다.

— 『수필과비평』 2019.8

4장

그것은 바람이었다

숯2

운명의 짐을 졌다. 시커멓게 과거를 지우고 뉘 집에 유배되었다. 나무에서 숯으로 바뀐 신세를 항변할 새도 없이 잿불에 파묻힌다. 가문을 지키며 불씨를 잇는 계율은 지엄하다.

그을음과 연기로 미적대지 않는다. 불티를 날리며 요란을 떨지 않는다. 그저 소리 없이 뭉근하게 타오른다. 살풀이하듯 발갛게 일렁인다. 밤새 가물거리며 화로의 불씨를 품느라 어둠살이 밝아오는 줄도 모른다.

몸 안의 길을 따라 저장해 놓은 한 톨의 비, 한 가닥의 바람, 한 점의 햇살마저 날려 버렸으니 한가로이 풍화에 들면 그만이다. 텅

비어 구멍투성이인 몸뚱이로 무얼 어쩌랴. 난데없이 어두운 구석에 처박혀 묵은내를 들이마신다. 장독에 들어앉아 불순물을 흡착하느라 뒤척일 수 없다. 잡귀를 물리치는 문지기로 내몰려 문간의 금줄에 내걸린다. 수도승처럼 마냥 자리를 지키느라 먼지를 뒤집어쓰고 서서히 박제가 되어 간다.

꿈인 듯 생시인 듯 지난 시절이 스친다. 도토리로 굴러떨어져 싹을 틔운 곳에서 수십 년을 붙박이로 살았다. 사는 게 다 그런 양 몸을 내주는 데에는 이골이 났다. 껍질을 뚫고 들어오는 사슴벌레에게 속살을 파먹히고, 나뭇가지에 뿌리를 내리고 기생하는 겨우살이에게 양분을 빨렸다. 알을 낳은 혹벌에게 벌레혹의 거처를 내주고, 천재지변을 피해 여문 열매는 땅으로 떨어뜨려 다람쥐와 청설모의 배를 불렸다. 몸통이 굵어지고 물이 오르자, 뭇사람들은 굴피집의 지붕을 인다며 껍질을 벗겨가 버렸다. 알몸인 채로 계절을 나야 하니 참으로 고달픈 숨을 이어가는 나날이었다.

사는 게 무망하던 어느 날, 숯쟁이를 따라 출가를 결심했다. 세속의 연을 뒤로하고 떠나리. 갈 길을 정하고 나니 불어오는 꽃바람이 향긋하기만 했다. 콧노래를 흥얼거리려는 찰나 옆구리에 톱날이 와 닿았다. 날카로운 통증과 함께 천지가 핑그르르 돌았다. 짙푸른 하늘이 곤두박질치고 조각구름 속으로 내동댕이쳐졌다. 정신을 차려보니 어둠침침한 가마 속이었다.

짓눌리고서야 새로이 피어나는 꽃 누르미처럼 불길에 눌려 거듭나리라 생각했다. 영원한 숨을 얻어 고이 모셔지겠지. 복닥거린 시간이 빠져나가고 온전히 고요에 들 것이다. 살아온 날을 추억하며 세상사에서 비껴나 있어도 좋겠다.

불구멍에서 연기가 치솟았던가. 원통형으로 재단된 몸피에 불길이 닿자마자 까무룩 숨이 멎었다. 깨어나 보니 이전의 내가 아니었다. 단단했던 육신은 중심을 잡지 못하고 무너져 내렸다. 굴곡진 껍질은 간데없고 물씬 풍기던 체취도 사라졌다. 뼛속을 달구는 화염 속에서 속속들이 탄화되어 새까만 몸빛으로 변해 있었다. 부풀었던 단꿈이 동강난 몸 위로 널브러졌다.

이승에서 저승으로 저승에서 이승으로 오가며 다음 생을 별렀건만, 고작해야 우물 바닥과 땅속에 매몰되거나 다른 물성의 습과 악취를 머금어야 한다. 질화로에서 가뭇없이 사그라질 운명이 허망하기만 하다. 털어버리지 못한 속내로 궤적을 남기지만 숯검정이란 낙인이 찍힌다. 되돌아갈 수도 머물 수도 없는 시간을 안고 엎치락뒤치락 부대낀다.

결국 돌고 돌아 제자리다. 환하고 해사한 삶은 고사하고 한곳에 박힌 노박이로, 온몸을 사르는 불덩이로, 새까만 영혼의 몸덩이로 질긴 생애를 건넌다. 한뎃잠으로 지새우고 불구덩이를 통과하여 구멍마다 이물질을 빨아들이는 고행 속에서도 적멸에 들지 못한 속은 하얗게 삭아 내린다. 이리저리 몸 바꿔 봐도 메마른 속내는 채워지지 않는다. 한 치도 이탈할 수 없는 궤도를 따라 맴돌 뿐이다.

나를 낮추고 버려야 건져낼 수 있는 숯. 어둠에 잠겨 세상에 닿지 못하는 소리들이 침묵 속으로 가라앉는다. 뼈대만 남은 육신이 부동의 자세를 허물며 못다 한 소리를 토해낸다. 지난 삶의 회한을 내려놓고 붉게 타오른다. 목숨의 흔적을 지우며 비로소 홀가분해진다. 가져갈 것도 없이 남겨놓을 것도 없는, 또 다른 자리로 돌아가기 위한 귀의의 시간이다.

저 멀리 별이 뜬다. 밤하늘의 어둠을 깨우는 별처럼 온몸으로 불살라 뭇사람들의 마음을 지피리라. 깃드는 고요 속에서 오래도록 사위어간다.

—『수필과비평』 2021.4

선을 읽다

선을 읽는다. 선이 불러일으키는 무수한 감각이 돌올하다. 하루의 시작을 알리는 햇발에서부터 하루의 끝을 몰고 오는 어둑발까지, 아니 홀로 깨어 있는 새벽녘까지 선은 그네들에게 깃든 기운을 드러내며 풍경을 이룬다. 말이 없는 사물의 내면을 시각화하며 의미를 발화한다.

오랜만에 지인을 방문했다. 주인장이 반갑다며 차를 내온다. 마음이 편안해진다고 케모마일 차를 권한다. 한 모금 마시고 내려놓는데 찻잔이 예사롭지 않다. 입술을 맞대는 부분부터 바닥까지 금이 그어져 있다. 그로부터 파생된 몇 줄기의 선들이 넝쿨처럼 뻗어

나갔다. 흘러내리는 물줄기 같기도 한 선들은 금분으로 치장되어 눈길을 사로잡는다. 주인장이 설거지하다가 놓쳤다며 깨진 부위를 접합했다고 말해준다. 애장하는 잔이라 차마 버릴 수 없었단다.

찻잔도 수선이 되는구나. 신기한 마음에 잔을 들여다본다. 부서지는 순간을 남김없이 보여주는 선의 기세가 거침없다. 순식간에 그의 상처에 가 닿는다. 떨어지는 찰나의 파열음과 충격이 손끝에 감지된다. 숱하게 맞닿은 입술의 촉각, 감싸 쥔 손길의 체온 등 제 몸에 와 닿던 감각들은 조각조각 바닥에 나뒹군다. 온기와 냉기를 머금은 잔의 기억이 파편으로 남을 뿐이다.

쓸모를 다한 한탄과 비애로 자포자기했다면 되살아나지 못했을 터이다. 서슬 퍼런 상처를 딛고 일어선 찻잔이 당당하다. 산산조각이 난 순간이, 아물린 흔적으로 견고하다. 부서진 파편을 모아 이어붙인 궤적이 고스란히 감촉된다. 함부로 저를 대하지 말라는 듯 자의식을 표출하는 서사가 맹렬하다. 깨짐과 복원을 오가며 응축된 힘으로 자기 존재를 증거하고 있음이다. 파동치는 기운을 오롯이 전하는 선의 자취로 평범했던 잔은 비로소 그만의 무늬로 완성된다.

얼마 전엔 부장품인 옛날 잔을 봤다. 어떤 꾸밈도 치레도 없이 구연부를 둘러친 한 줄의 돌대가 모양새 전부였다. 땅속에 박혀 있느라 마모되고 거칠어진 잔의 살갗과는 달리 지하의 어두침침한 시간을 견딘 선은 단호했다. 두루뭉술하게 원형을 이루지만, 망자를 지키기 위한 굳은 결의가 각인되어 생동했다. 선을 쫓다 보면 물레를 돌리던 도공의 모습이 떠오르고 차를 나눠 마시며 한유한 시간을 누리던 옛사람들의 풍경도 스쳐 간다. 이름 모를 이들의 정서가 까마득한 시간을 넘어와 가슴을 두드린다. 무덤의 주인은 썩어서 진즉에 흙으로 돌아갔건만, 살아남아 먼 시절의 이야기를 풀어놓는 곡선의 숨결이 고적하다. 저승과 이승의 시간을 잇대고 있음이다.

그런가 하면 제멋대로의 선들에선 정감이 느껴진다. 허술하게 둘러친 돌담을 거닐 적엔 잠시 멈춰 선다. 엉성한 생김새가 주는 빈틈을 엿보기 위해서다. 모양이나 격식에 얽매지 않는 돌담의 자유가 여유롭다. 크고 작은 막돌의 불규칙한 선들이 이웃하며 질서를 이루어내니 흥겹기까지 하다. 굴뚝 위에 엎어진, 모양이 일그러진 항아리와 조우했을 적에는 웃음이 나왔다. 온전한 배불뚝이가 아니라고 항아리가 아닌 건 아니잖은가. 그게 뭐 대수냐는 듯 무너진 허리선을 부여잡고 태연히 먼산바라기를 하는 자태가 능청스럽다. 재주라곤 부릴 줄 모르는 숫배기처럼 기교 없는 선들이 정답기만 하다.

흘러가는 물줄기나 끝없이 이어진 길에선 유유자적하는 선이, 방치된 폐선이나 갈 곳이 없어진 정물에선 고독한 선이, 낮게 내려앉는 이내나 야트막한 산의 능선에선 푸근한 선이 그림자처럼 따라다니며 배경으로 존재한다.

제각각인 선들과 얽히고설켜 살아가는 우리네 모습도 선을 이룬다. 사물의 선이 몸태이자 깃든 사연이라면 사람의 선은 살아가는 행적이다. 에스 라인의 곡선미나 역삼각형의 단단한 체형을 지닌 젊음의 몸 선은 쉬이 무너지지 않는다. 세상을 살아갈 꿈과 이상으로 탄탄하다. 돌고 돌아 소멸의 끄트머리에 들어선 경직된 몸은 애잔하다. 삼동의 추위에 얼었다 녹기를 반복하며 물기 하나 없이 말라가는 덕장의 목숨처럼, 인생살이의 담금질로 구부정해진 육신은 바짝 말라 펴질 줄 모른다. 직선같이 내리꽂히던 치기 어린 시절이 가고, 곡선같이 완만한 타협의 시기를 건너 주름선같이 겹쳐질 대로 오그라든 실루엣이 서글프다.

이고 진 짐으로 허우적거리느라 무게 중심이 한쪽으로 쏠린 내 모습은 어떤 모양일까. 가풀막을 오르느라 굽은 등이 수북하다. 길을 찾지 못해 제자리를 빙빙 돌기도 하고, 나아갈 방향을 가늠하기 위해 서성거리던 발걸음이 어지럽다. 하루를 살아내기 위해 직립의 의지를 다지건만, 까부라지기 일쑤다. 바닥을 기며 시들어가는 화분 속 줄기처럼 선의 동세가 미약하기만 하다.

생성과 소멸의 이치처럼 무수하게 생겨나고 사라지는 선. 사물의 주체로, 역사로, 배경으로 이쪽저쪽을 자유로이 넘나들며 존재하는 선이 묵직하다. 공간과 시간을 채우고 세상을 응시하며 인간사를 비추는 내재된 기운으로 약동한다.

살아가는 일은 언제 어디서나 마주하는 선에 깃든 의미를 찾아 헤아리는 일일 게다. 처처에 자리 잡은 선을 완만히 읽어내길. 느긋하게 아우르길.

선을 읽으며 사색에 잠긴다.

–『수필과비평』 2024.10

스치듯 겹쳐지면서

해가 스러지자 어스름이 바통을 이어받는다. 도시의 얼굴마담인 전광판은 허공으로 쉴 새 없이 자막을 흘려보낸다. 뒤늦게 도로를 건너는 이들에게 신호등은 경보음을 울리며 야멸차게 채근한다. 바닥은 개업을 알리는 전단지로 포장되어 낯빛을 알아볼 수 없다. 거리에는 오가는 사람들의 발걸음 소리, 호객을 위한 상인의 목청소리, 상점에서 흘러나오는 음악 소리가 뒤섞여 소란하게 들끓는다.

네온사인에 하나둘 불이 들어오자 터미널을 찾아가는 내 발걸음이 분주하다. 얼마나 걸었을까. 저만치 오가는 행인들 사이로 스티로폼 상자 앞에 덩그러니 앉아 있는 할머니가 눈에 들어온다. 길가 한구석에 플라스틱 바가지 네댓 개를 펼쳐놓은 채, 강마른 손으로 마늘을 까고 있는 모습이 생경하다. 한 평의 공간도 어수룩하게 비워두지 않는 번화가에 좌판이라니. 빈틈없이 들어선 도시 문명과 아귀가 맞지 않았다. 시골 장마당에서나 볼 법한 장면을 오려다가 도심지의 귀퉁이에 붙여놓은 꼴이었다.

순간 오가는 사람들의 속도가 느려진다. 군중의 움직임이 슬로우모션으로 바뀌고 화면에는 할머니가 클로즈업된다. 진즉에 소리는 멈췄다. 무음 속에서 초점은 할머니에게 맞춰진다. 타인에게 관심이 없는 도시의 육법전서는 냉정하다. 다들 무심히 지나친다. 누구 하나 들여다보는 눈길도 없다. 거리의 정물처럼 할머니는 그 자리에 붙박이로 존재할 뿐이다.

그럴듯한 포장이나 진열대도 없다. 바가지 위에 올라앉은 냉이와 달래, 쑥은 기다림에 지쳤는지 한껏 늘어졌다. 신문지에 둘둘 말린 대파 한 단이 푸성귀의 자존심을 내세우며 흙내를 내뿜는다. 가짓수가 몇 개 안 되는 옹색한 살림에 몇 줌 안 되는 콩이 비닐봉지 속에서 구색을 갖추느라 안간힘이다.

사위는 점점 어둠에 잠긴다. 더 있어봤자 팔릴 기미가 없다. 땅을 향해 수그리고 있던 머리를 든 할머니는 잠시 허공을 응시한다. 병석에 누운 식솔을 위해 닳고 닳은 무릎을 끌고 나온 걸까. 낮아진 몸을 어딘가에 기대고 싶지 않아 맨바닥에 좌판을 차린 걸까. 노년의 당신은 침침한 눈과 어두운 귀로 홀로 보내는 시간이 많아졌다. 세상의 끈을 놓고 싶지 않아 목숨줄처럼 좌판을 붙들고 있는지 모른다. 어쩌면 당신은 생애에 주인공이었던 적이 없었는지도 모르겠다. 시부모를 봉양하고 자식들을 키워 대처로 보내느라 수많은 시간을 들러리로 보냈을 것이다. 도망가고 싶은 마음을 번번이 주저앉힌 건 당신의 이름이 아닌, 아무개 며느리 아무개 엄마였다. 아무리 애를 써도 아무개에서 벗어날 수 없는 비애로 평생을 보냈다. 돌고 돌아 자유로워졌는데 아무도 찾아주는 이 없어 쓸쓸하다.

허나 무명인이면 어떤가. 당신은 지금, 화면 속 주연으로 열연 중이다. 구석 자리의 좌판은 배경으로 분하고 지나던 나는 관람객이 되어 몰입한다. 그저 구경꾼에 불과하지만, 노동의 이력으로 굽은 당신의 등을 읽어내리고 살갗에 새겨진 반점의 세월을 헤아린다. 당신의 몸짓 하나에 울읍한 속내까지 그려내며 연민에 젖는다.

몸이 축나도록 뛰어보지만 삶이란 무대는 녹록지 않다. 줄행랑치거나 잠수해 버리고 싶은 날이 부지기수였다. 한 발짝 나갔다 싶으면 두 발짝 후퇴요, 건너뛰었다 싶으면 나동그라지기 일쑤였다. 어미의 치맛자락 잡고 늘어지듯 무대 귀퉁이에서 허우적거리던 내가 치열한 도시의 모퉁이에 붙박인 당신을 알아본 건, 같은 처지여서일지 모른다. 밤낮없이 동동거렸을 당신과 일상의 시름으로 그늘진 내가 덤덤하게 살아야 할 하루가 고팠기 때문이다. 제자리를 맴돌지언정 살아내야 하는, 젖은 울음을 삼키면 살아지기도 하는 시간이 아득하기만 하다.

더는 기다릴 수 없었는지 할머니가 좌판을 접기 시작한다. 가까이 다가가려던 나는 별수 없이 머뭇거린다. 살까 말까 망설이던 봄나물은 이미 꾸려지고 있었다. 여전히 사람들은 분주히 오가고 있고 차도에는 줄을 선 차량이 클랙슨을 울린다. 시계를 보니 버스 출발시간이 가까워진다.

하릴없이 갈 길을 가기로 한다. 여기에서 저기까지 거리를 남겨둔 채, 군중에 뒤섞인다. 나 역시 허우룩한 누군가의 화면 속 주인공으로 남겨지겠지. 삶의 흔적은 그렇게 또 다른 이의 망막 속으로 자리바꿈하며 흘러간다. 스치듯 겹쳐지면서.

–『수필과비평』 2021.8

감각하다

시각으로

오가며 무심결에 봐오던 풍경이었다. 매서운 추위 덕에 한낮에도 싸늘하다. 남아 있던 볕살이 이울자 어스름이 내려앉는다. 어둠은 보란 듯이 감춰진 가난을 끄집어낸다.

길가 바로 옆에 자리 잡은 채 대문도 담도 없는 슬래브집이다. 집 벽면 한쪽으로 LPG 가스통 두 개가 나란히 붙어있다. 어느 날은 가스통 덮개 위로 소주 두 병이 올라와 있다. 어떤 날은 대여섯 병이 줄 서 있을 때도 있다. 오늘은 한 병이 비스듬히 누워있다.

뉘라서 저리 술을 마시는 걸까. 일용직으로 공사판을 전전하는 막노동자라 고단해서일까. 불면에 시달리느라 술 없이는 잠들 수 없어서일까. 이따금 이곳을 지나다니는 외국인의 낯이 익던데, 혹시 그의 거처인가. 고국이 그리워 밤이면 술로 지새우는 건가. 알코올의 힘을 빌려서라도 구차한 현실을 망각하고 싶은 건가. 날마다 시선을 보내며 나도 모르게 소주병을 센다.

길가 나뭇가지에 묶어둔 빨랫줄엔 목 늘어난 잿빛 셔츠가 바람에 펄럭인다. 하루치의 얼룩으로 매일 빨아 입는 남루가 슬픈 건지, 같이 내걸릴 누군가의 옷가지가 없는 고독이 슬픈 건지. 그도 아니면 건조대조차 들여놓을 데 없는 옹색한 단칸방의 처지가 절망스러운 건지 가늠할 수 없다.

궁핍은 후줄근한 곳을 찾아 은신처로 삼기 마련이다. 한파가 몰아쳐 살얼음이 달라붙은 출입문, 줄줄이 고드름이 매달린 보일러의 연통, 금 간 곳을 간신히 청테이프로 붙여놓은 듯한 유리창. 추위가 가시려면 아직 멀었는데 저것들을 어쩌랴. 마냥 떨고 있는 가스통이 서느렇다.

허술한 풍경에 서린 한기를 몰아냈으면…. 행인에 불과한 나는 그저 바랄 뿐이다. 완강하게 버티고 있는 겨울의 틈새를 비집고 작은 온기라도 와주길. 속속들이 들여다보이는 궁기를 덮어줄 봄이 어서 찾아와주길. 내 기억 속에 머무는 결핍과 맞닿아 있는 가난한 풍경을 오래도록 바라본다.

청각으로

주차장이다. 방금 표를 예매했다고 전화가 왔다. 내려서 배웅하려는데, 번거롭게 뭘 그러냐며 차를 돌려서 집으로 가란다. 걱정하지 말고 아이들과 잘 있으라는, 가장으로서의 당부도 잊지 않는다. 몇 시 차냐고 물었다. 오 분 후면 출발이란다. 혹여 늦을까, 얼른 승강장으로 가 있으라고 권한다. 그는 마음이 급했는지 통화를 마치지도 않은 채, 누군가에게 타는 곳이 어디냐고 묻는다. 곧이어 옷깃 스치는 소리와 뚜벅거리는 구두 소리가 들려온다.

이제 가는구나. 그의 발걸음 소리에 와락 눈물이 난다. 몇 달 만에 집에 왔건만 며칠 있지도 못하고 다시 객지로 떠나는 남편이 못내 서운하다. 가지 말라는 속말을 애써 삼킨다. 허우룩한 마음에 핸드폰을 내려놓지 못하고 수화기 너머에서 들려오는 소음을 고스란히 듣는다. 그렇게라도 붙잡고 싶은 마음을 달랜다.

버스에 다다랐나 보다. 계단 오르는 소리가 전해져온다. 사는 내내 한 계단 한 계단 밟으며 올라왔는데, 미끄러지는 건 한순간이다. 동생이기에 별말 없이 서준 보증이 잘못돼 하루아침에 빚을 짊어진 남편은 속앓이하느라 한동안 말을 잃었다. 그나마 학업이 한참인 아이들이 있어 추스르고 일어섰다. 힘들어도 조금만 견디자며 택한 주말부부다. 복닥거리며 살다가 외따로이 떨어져 지내려니 얼마나 쓸쓸할까. 홀로 불 꺼진 숙소에 들어설 그의 모습이 가슴을 흔든다.

부산하게 부스럭거리던 소리가 잦아들었다. 좌석에 앉은 모양이다. 그를 감싸는 적막이 소슬하다. 숱한 시간 그리움과 외로움이 그를 따라다니겠지. 남편 혼자만 한량없는 적요에 내버려둘 수 없어 전화기를 끄지 못하고 여전히 귀에 대고 있다. 오랜만에 집에 와서도 집안일로 종종거린 그가 잠시나마 눈을 붙이고 편안해지길. 이런저런 일로 애간장 태운 마음자리에 평온이 깃들길. 내려가는 동안 무탈하길.

바깥은 별이 하나둘 얼굴을 내비치며 고요에 휩싸인다. 지아비를 떠나보내는 아녀자의 가슴엔 속절없이 파고드는 생각들이 별무리를 이룬다.

미각으로

슴슴하다. 혀끝에 달라붙는 맛이 아니다. 도토리묵처럼 떫거나 쓰지 않다. 무딘 감각으로는 맛을 알 수 없을 만큼 밋밋하다. 무슨 맛으로 메밀묵을 먹는담. 구시렁거리는 내 옆에서 서빙하던 아주머니가 한마디 거든다. 묵은지랑 같이 먹어봐요. 그런가. 메밀묵 위에 묵은지를 얹어 입으로 가져간다. 짜디짠 맛이 느껴지는 찰나, 묵직한 맛이 뒤따른다. 짠 기로 채근하는 묵은지를 뒤덮는 맛이라고나 할까. 짠맛을 가라앉히며 옹호한다. 음 괜찮네. 두 맛이 어우러져 맞춤하게 식욕을 돋운다. 허기졌던 터라 계속 손이 간다.

작고 세모난 메밀 어디에서 이런 순한 맛이 나올까. 강한 맛으로 휘어잡거나 본연의 맛을 고집하지 않는 묵이 담백하다. 나 홀로보다는 곁들여질 때 진가를 발휘한다. 새콤한 샐러드와 시원하게 들이키는 묵사발, 매콤한 묵무침에 이리저리 궁합을 맞춘다. 온몸을 달뜨게 만들고 침이 고이게 만드는 음식은 그 자체일 뿐, 다른 것과 타협은 없다. 메밀묵은 조밀하게 채우지 않은 농도로 다른 맛을 품는다. 물컹한 식감은 씹는 재미까지 준다.

뒤늦게 찾아든 맛이 아쉬워 주인장에게 더 달라고 부탁한다. 묵은지와 메밀묵이 한 접시에 담겨 나온다. 정갈하다. 썰리는 대로 저를 내맡겼을 묵이 부드럽다. 모나지 않은 모양새가 속 깊은 친구처럼 묵묵하다. 우울한 기분을 토닥여주고 어수선한 영혼을 달래주는 동갑내기 그녀처럼 편안하게 다가온다.

불혹의 끄트머리에 들어선 이즈음, 내 속내는 자주 들끓었다. 오랜 밥벌이에 지쳐 그렁해지고, 세상살이에 긁힌 속내가 서러워 울컥거렸다. 왠지 모르게 쓸쓸해지는 감정으로 허전한 나날이 많아졌다. 쓰디쓴 세상사로 짜디짠 눈물을 쏟아낼 때 말없이 티슈를 건네주는 그녀. 직장 상사의 부당한 처사에 내비치지 못한 억울함을 성토할 적엔, 술 한 잔의 위로를 건네며 공감해 주는 그녀. 사는 일이 죽비 맞는 일이라지만 난타당해 너덜거릴 때 뭉근히 끌어안아

주는 그녀다. 슴슴해서 계속 찾게 되는 묵처럼 둘레를 감싸는 그녀가 좋다.

담백하다. 이보다 깊은 맛이 있을까. 소박하고 구수하고 희스무레하기까지. 짠맛 신맛 단맛 쓴맛도 비벼놓을 수 있는, 안색을 살피고 눈빛을 헤아리는 것 같은 깊이로, 마음을 어루만지는 맛이다. 덤덤해지는 맛이 고프고 느긋해지고 싶은 날, 습관처럼 담백한 맛을 찾게 되리라.

접시에 남아 있는 마지막 묵 한 점을 집어 든다. 오롯이 묵 맛을 음미해 본다.

–『수필과비평』 2022.9

헌책 경전

책들이 누워있다. 서가에 꽂혀있는 호사는 고사하고 노끈에 묶여 옴짝할 수 없다. 켜켜이 쌓인 무게로 압사할 지경이다. 분리수거장의 잡동사니와 뒤섞여 여기저기 널브러진 책은 숨도 쉴 수 없다.

펼쳐지고 뒤집힌 책더미를 들춰본다. 사서삼경이 나직이 한숨을 내뱉는다. 진리는 시간에 지배되지 않건만 먼지에 파묻혀 허송세월했다. 어록 한 구절 설파하지 못하고 폐기 처분 되나 싶어 초조하기만 하다. 스티로폼을 깔고 앉은 백과사전이 지루한 듯 연신 하품이다. 방대한 지식으로 목마른 영혼의 갈증을 채워주기는커

녕 인테리어 소품으로 진열되기에 바빴다. 육중한 몸피로 책꽂이가 흔들리지 않도록 맨 밑의 칸에 꽂혀 무게중심을 잡아야 했던 나날이 하릴없다.

표지가 벗겨진 채 넉장거리로 드러누운 요리책은 초점을 잃었다. 지난날, 스푼 그람 등 정량된 레시피로 밥때를 책임졌다. 페이지마다 설탕인지 소금인지 정체 모를 가루가 묻어나도 개의치 않았다. 세월 따라 등때기가 무너져 흐느적거리는데 정작 찾아주는 이 없어 초라하다. 덤으로 살아온 별책부록, 제 소임을 다해 갈 곳 잃은 시험서, 알몸으로 내던져진 교양서는 마지막을 예감하며 몸을 사린다.

한때는 두부모처럼 네모반듯했다. 잉크 냄새만으로도 존재를 증명했다. 인쇄소에서 쏟아져 나올 때는 황홀경 자체였다. 낱장에 빼곡히 들어찬 활자로 세상을 주름잡았다. 사라진 제국과 머나먼 우주의 연결고리로, 문명의 수레바퀴로, 뭇사람들의 길잡이로 시공을 넘나들었다. 제 한 몸 펼쳐 심연을 유영하며 미지의 세계를 개척했다. 쇠공이 밑줄을 그어대고 형광펜이 쐐기를 박아도 몸이 닳도록 지적 바다를 항해했다. 손때로 얼룩지고 보풀이 일어 너덜거리는 종잇장으로 숱한 손길에 감응해왔다. 어두컴컴한 밤을 지새우며 지혜의 불을 밝혔다.

언제부터인가 형체도 부피도 없는 전자책이 추앙받기 시작하자, 자리만 차지한다는 지청구가 날아들었다. 야박한 세상인심에 떠밀려 뒷방으로 물러나고 종내에는 짐짝처럼 한데로 내쳐졌다. 파장 무렵의 늘어진 이파리 신세지만 떨이로라도 헌책방에 팔려 가면 다행이지 싶었다. 멈췄던 시간이 다시금 뒤척일 테니. 코흘리개들의 놀잇감이면 어떠하랴. 딱지가 되어 하늘로 솟구치면 속이라도 시원할 텐데. 저무는 생이라고 달콤하지 말란 법은 없다. 호떡의 단맛을 품은 온기로 이울어도 좋을 테지.

이도 저도 아닌, 낙오되다시피 버려진 처지가 황막하다. 아득히 먼 옛날의 환영이 겹쳐진다. 청빈한 선비의 오두막에 한 시렁의 서책으로 얹어져 밤낮없이 들춰졌다. 선비들은 책을 구하기 위해 여기저기 책 동냥을 하고 어렵게 얻은 책에 비단을 입혀 애지중지 간직했다. 책을 읽고 싶지만 바쁜 정사로 읽지 못하는 아쉬움을 달래기 위해 임금이 어좌 뒤에 책가도를 배치했을 정도이니 서책이라는 존재만으로도 극진한 대접을 받았다. 제주도로 유배 간 어느 학자의 동고동락하는 벗으로, 성경 금강경같이 한 집안을 쥐락펴락하는 정신적 지주로 내내 번성해야 할 일이었다.

어찌 이리됐을까. 시대를 잘못 타고난 불운을 탓하며 구시렁거리는 순간, 예까지 바람이 불어닥친다. 무작스러운 바람이 사정없이 따귀를 갈긴다. 아직도 과거의 영광에 머물러 있느냐고 일침을 놓는다. 디지털로 진화한 세상을 따라잡았느냐고 묻는다. 차라리

이쯤에서 e-book에 투항해 납작 엎드리란다.

동사(凍死)라도 할 듯 얼어붙는 날씨에 한데로 내쳐진 것도 서러운데 조롱까지 당하고 보니 서늘하다. 저만치서 펄럭이는 서책이 눈에 들어온다. 방패막이인 겉장이 어디론가 사라진 채, 죄다 뜯어져 끄트머리만 붙어있는 속지들이 불어오는 바람을 맞받아친다. 제대로 읽히지도 못하고 사라져야 하는 오기로 허공을 향해 시퍼렇게 응수한다.

제아무리 전자책이 문명의 편리성을 내세우지만, 서책이 지니는 무게와 물성의 감성은 대체 불가다. 숨 쉴 공간 없이 모니터에 갇힌 글자에선 어떤 교감도 나눌 수 없다. 빈 여백으로 숱한 상상력을 끌어내는 책들이 고서의 반열에 오르지 않았던가. 요동치는 새 문물이 서책의 지형을 바꿀지언정 종이책은 뭇사람들의 온기로 공존할 터이다. 있는 듯 없는 듯 유난하지 않은 존재 자체의 묵향으로 세상을 응시할 것이다.

가파른 날들로 인해 벼랑으로 내몰린 책들을 훑어본다. 이제 저들은 바람에 걷어차이거나 길냥이의 발톱에 찍혀 소리 없이 사라질 것이다. 뻣뻣했던 질감이 나달거리도록 푸념 같은 시간을 견뎌온 건 스러지지 않으려는 몸부림이었다. 마지막 하나의 성냥을 불사르는 소녀처럼 이 밤이 지나면 다음을 기약할 수 없는 운명이 야속하지 않을까.

왠지 모르게 쓸쓸해진다. 오갈 데 없어 허름해진 영혼들을 감싸 주고 싶다. 거둬서 거처를 마련해 맘껏 쉬라고 자리를 펴주고 싶다. 안온한 곳에서 다시금 생명력을 얻어 오래오래 살아남아 주기를 기도하고 싶다.

실밥이 터져 헐거워진 책을 품에 안는다. 내일이 없어 늘어진 책들도 집어 든다. 찢어진 페이지는 풀로 붙여 생을 이어주고 표지를 잃고 방황하는 책엔 제대로 된 겉옷을 입혀주리라. 빛을 보지 못한 시간은 접어두고 숱하게 읽히고 호명되어 그만의 서사로 간직되기를 소원한다. 무명의 글자들이 귀청을 열고 속닥거리기를, 묵은내가 들어차 캄캄했던 활자들이 환해지기를 열망한다.

어스름이 내려앉는다. 꿈꾸는 책들의 귀엣말이 듣고 싶어지는 저물녘이다.

―『수필과비평』 2023.8

포구에서

저문 해는 진즉 바다에 잠겼다. 등으로 치고받으며 이랑을 만드는 바닷물의 사위도 잠잠해졌다. 집어등 켜고 물살을 가로질렀을 어선들은 닻줄을 내리고 숨을 고르고 있다. 바닥에 널린 자잘한 어구와 낡은 그물에 고여 있는 허름한 하루가 느껍기만 하다.

붉은빛을 사르고 어둠이 내리자, 저 멀리 붙박이 등대에 불빛이 내걸린다. 길 잃은 숨결들 무사 귀환할 수 있도록, 하루의 끝점에 내몰린 이들이 떠돌지 않도록 좌표가 되어 주는 등대가 묵묵하다. 뒤이어 방파제를 따라 가로등 불빛이 하나둘 살아난다. 물빛이 바뀐 해조음이 낮아지고 부산함이 잦아든 포구가 아늑해진다.

수평선 너머에서 불어오는 바람이 포구를 지나 좁은 골목길을 사이에 둔 수산시장으로 파고든다. 고즈넉한 포구와는 달리 왁자한 소리가 안겨 온다. 흥정 붙이는 아지매의 걸걸한 목소리, 주거니 받거니 참견하는 객의 목소리, 쉴 새 없이 철벅거리는 물소리로 생기가 넘친다.

분주한 소음과 비릿한 갯내가 뒤섞인 채 좌판을 훑는다. 그럴듯한 어항이나 환한 불빛도 없다. 화려한 진열대도 없다. 크기가 제각각인 고무 함지가 전부다. 낡고 수더분한 풍경 속엔 해풍에 내몰린 비린 생들로 술렁거린다.

벌어진 아가미로 숨 쉬고 있는 넙치, 주둥이를 내민 우럭, 꿈틀거리는 낙지, 첩첩이 쌓여있는 꽃게들이 한데 모여 복작댄다. 생의 마지막 종착지인 이곳에서 저들은 소멸의 시간을 유예 중이다. 조금 있으면 도마 위에 오르거나 스티로폼 상자에 담겨 또 다른 곳으로 떠날 것이다.

나는 어디에서 왔고 어디로 가는가. 존재의 근원을 생각하는지 납작 엎드린 넙치가 침묵을 횡단하고 있다. 미늘에 걸려 여기까지 왔지만, 어차피 바닷속 밑바닥의 삶이었으니 궁색한 좌판인들 억울할 것도 없다. 컴컴한 바다 밑에서 옆줄에 의지한 채 물범을 피해 다닌 날들이 얼마이던가. 그에 비하면 왼쪽이냐 오른쪽이냐, 쏠린 눈 위치로 가자미와 구별하려는 구경꾼들의 눈초리는 견딜만하다. 뭍사람들의 궁금증이야 침묵으로 일갈하면 그만이다.

조개와 멍게는 주인장의 속내를 아는 듯 미동도 없다. 돔을 사려는 이가 망설이자, 조개와 멍게를 덤으로 내준다. 이내 지갑이 열리고 흥정이 이루어진다.

선택된 것에 딸려가는 곁다리, 주류 아닌 비주류. 단순히 덤으로만 한 생애가 끝나면 밋밋하지 않은가. 들러리라고 맛까지 없을쏘냐. 조개는 곁다리의 설움을 끓는 물에 풀어낸다. 해장하려고 조개 국물을 들이켜다가 다시 취해도 모를 정도로 시원하게 끓어오른다. 우러나는 국물로, 쫄깃한 속살로 기어이 식탁을 평정한다. 껍데기는 가라. 멍게는 어느 시인의 시구를 외치며 우둘투둘한 껍데기를 벗어던진다. 껍데기는 껍데기일 뿐이다. 매끈한 속살로 비릿하고 알싸한 맛으로 애주가의 미각을 점령한다.

넙치 위로 지느러미 흔들며 지나던 우럭이 저울에 오른다. 무게를 달고 몸값이 결정된다. 아가미에서 피를 뽑은 다음, 목과 꼬리를 치고 살점을 저민다. 금세 상에 오른다. 방금까지 펄떡거리며 바닥을 치던 지느러미의 잔상이 뇌리에 남는다. 생이 다할 때까지 퍼덕거리다가 잠잠해지는 몸짓, 세상 한 귀퉁이가 고요해졌다. 적을 피해 암초 뒤에 몸을 숨기거나, 등지느러미에 날카로운 가시를 세우던 나날이 도톰한 육질로 전해질 뿐. 살아온 흔적이 맹렬히 지워진다.

거친 시간을 돌고 돌아 고뇌를 달래주는 안주로, 허기 채워 주는 한 끼로 기꺼이 남은 생을 보시하는 비린 것들. 검불처럼 스러질지언정 침묵으로 몸짓으로 맛으로 치열하게 존재를 발화한다.

바닷속에서 유영하다가 뭍으로 밀려온 이들이나 육지의 세찬 물살에 떠밀려 포구로 흘러든 나나 이 밤의 끝을 잡고 있기는 매한가지다. 그간 세상살이에 길들어져 적당히 살아왔다. 중량과 부피로 포장된 상품처럼 크기와 가격으로 칸칸이 나눠진 집에서 일상에 매달렸다. 하루치를 지령받아 사는 거처럼 영혼을 박제시킨 채 그저 그런 나날로 쫓기듯 허덕였다. 한낮의 소요도 새벽의 고요도 아우르지 못하는 한 밤의 불면으로 무기력하기만 했다. 몸의 감각들과 불화하는 내면의 침묵으로 어떤 것에도 의미를 부여하지 못했다.

비린 목숨붙이들이 일깨우는 생의 기척이 묵직하게 들러붙는다. 외딴섬에 유폐시킨 감각들을 뒤흔든다. 얽히고설킨 속 뜨끈하게 달래주는 조개처럼 누군가의 혀끝을 맴돌며 속내를 헤아려 본 적이 있었던가. 밥벌이에 치여 밀려나고 뒤처지는 설움 뱉어내며 온몸으로 끓어오른 적이 있었느냐 말이다. 바위나 해초에 붙어 거친 물살을 헤치느라 우둘투둘한 외피로 중무장한 멍게와 허기진 속내를 감추려 겉치레로 뒤덮인 나. 언제쯤이면 껍데기를 벗어던지고 부드러운 속살처럼 순정한 자아로 거듭날 수 있으려나. 명이

다할 때까지 거친 야성으로 몸부림치는 조피볼락처럼 넓디넓은 세상에 잊히지 않는 한 장면 남길 수 있으려나. 만신창이가 될지라도 공중으로 솟구쳐 올라 바닥을 칠 수 있으려나.

가슴 속에 모여든 풍경들이 쏟아지는 달빛만큼 깊어진다. 흘러가는 시간 따라 파도 소리만 높아진다.

—『수필오디세이』 2024. 봄호

그것은 바람이었다

천만년을 돌고 돌아 불어오는, 그것은 바람이었다. 하늘빛 달빛 별빛에 부비고 구름을 덮으며 바람이 온다. 숲을 나는 새들의 날갯죽지에 붙어 산등성이를 에돌아 바위 위의 이끼를 훑는다. 개울가를 따라 찰방거리는 조약돌과 뒹굴고 나무구멍을 드나들며 저 너머 세상사를 실어 나른다. 물빛 젖은 몽돌에 스치고 갯벌에 엎드려 사는 식물을 들추며 파도를 넘나든다. 옹달샘의 탱자나무 가시에도, 넝쿨에 꿰어져 처마 밑에 매달린 곶감에도, 축담 한 켠의 청둥호박에도 바람이 파고든다.

기다리는 이에게 다가서고 흘러드는, 그것은 바람이었다. 들판에 핀 억새가 기대어 울 바람을 기다리듯, 바람꽃이 흔들리며 맞서기 위해 바람을 기다리듯. 거미에게 거미줄을 날려줄 실바람이, 염부에게 소금꽃을 피워줄 갯바람이, 농부에게 땀방울을 거두어 갈 마파람이 찾아와 고단한 갈증을 채워준다. 다하지 못한 인연으로 그리움이 덩굴진 가슴엔 먹먹함을 이고 나갈 바람이 내려앉는다. 혹여 그 바람이 산모롱이를 돌며 사라지는 아득함이더라도 또다시 돌아 나올 걸 알기에 기다리고 염원하는 자, 바람을 부른다.

해종일 풍경을 들여 제 모습을 빚는, 그것은 바람이었다. 해와 달이 오가는 사이 빛깔을 끌어당기고 소리를 건네며 냄새를 머금는다. 산자락에 풀어놓은 석양 노을을 당기고 소금쟁이가 건너는 연못의 투명한 빛을 덧칠한다. 분분한 아카시아 하얀 꽃빛으로 떠올라 달큰한 향에 취해 보기도 한다. 뉘라도 찾아가는 것일까. 맞닿는 것에 등을 내밀어 스치는 소리를 휘감는 몸짓이 농염하다. 치맛단 걷고 강가에 들어 물비늘 간질이는 소리를 허공에 던져놓고 튀어 오르는 은어 떼에 매달려 찰랑이는 소리를 건넨다. 은근슬쩍 시치미 떼고 섞여드는 표정은 천연덕스럽기까지 하다. 쑥부쟁이의 파릇한 향을 한 움큼 들이마시고도 빗방울이 몰고 온 비릿한 냄새에 능치듯 스며든다.

내딛는 길 위에 수만 갈래의 길을 부려놓은, 그것은 바람이었다. 가지 않은 길이 없고 다다르지 못하는 곳이 없이 달려간다. 하늘과

땅을 이으며 높낮음을 가리지 않고 내달린다. 바위에 부딪히면 흩어지고 허방을 만나면 짚고 일어선다. 폐허의 땅에 여백으로 존재하고 잡초 더미의 배경일지라도 부산한 발걸음에 채여도 길을 긋는다. 풍등 올려주는 하늘길로, 범선 밀어주는 바닷길로, 새순 움틔우는 꽃길로 넘나든다.

바람의 길을 걷기 위해 신두리 해안사구에 간다. 나부끼며 달아나는 모래를 결집시킨 해풍과 소멸한 시간만큼 이어온 모래알갱이들을 만날 수 있는 곳이다. 일만 년 시간이 펼쳐진 모래언덕에 서면 분연히 일어서는 바람을 볼 수 있다. 층층이 무늬진 언덕의 속살을 헤뜨리자, 기억이 살아나듯 그의 전생이 휘돈다. 어느 생에선 원시숲을 유랑하던 떠돌이로, 또 어느 생에선 거친 대지를 싹쓸이하는 무법자로, 이생에선 망망대해에 표류하는 은둔자로 올올이 엮어놓은 시간을 풀어놓는다. 속살거리며 살갗에 와 닿는 바람의 말을 맞으며, 나 역시 말을 타고 초원을 달리는 인디언으로 분하고 사막의 모래 속에서 길을 잃고 헤매는 방랑자가 된다.

바람으로 여물어가는 것. 그것은 기억 속으로 속절없이 사라지고, 시간 속으로 덧없이 스러지는 것이다. 찬기와 온기가 서린 어드메서 불어와 설익은 시간을 지나 저물녘으로 묻힌다. 떨어지는 벚꽃에도 찬란했던 한때가 있었고 나뒹구는 모과에는 은은한 향이 남아 있건만, 저문 바람에는 돌아나간 적요함만이 있을 뿐이다.

바람의 터에 씨를 뿌리고 바람의 그늘에 머물다 간 바람의 뿌리에 숨길을 연 이들만이 남겨졌을 뿐이다.

말랑함이 아닌 단단함을 가졌으면 하는 날, 어디론가 사라져 버렸으면 싶은 날. 내 안에서 부풀어 오르는, 그것도 바람이었다. 바닥까지 내려간 마음이 서러워 침묵으로 숨겨둔 속내와 남김없이 쏟아내야 한다는 다그침이 맞닿은 곳에서 바람이 인다. 소용돌이치고 헝클어트리며 조각나고 부서진 마음을 휩쓸어간다. 파문이 잦아들고 고요함과 평온함이 깃들면 마음은 깊어지고 한없이 낮아진다.

나를 주저앉히기도 일으키기도 하는, 세상을 허물고 세우며 머물다 갈 한 자락의 바람. 한 몸에 생멸을 품고 날빛이 바래진 하루의 끝에 앉는다. 어스름이 깔려도 돌아갈 곳 없는 이의 등에, 기댈 곳 없는 이의 가슴에 내려앉는다. 그네들에게 스며들어 아픔을 걷어내고 흘러들어 슬픔을 벗겨내고 떠나간다. 침묵의 화인(火印)을 박아놓고 또 다른 하루를 위해 천만년의 시간이 있는 곳으로 되돌아간다.

이를 수 없는 그곳으로.

—『리더스에세이』 2019. 겨울호

노년이라는 이름을 가진 당신은

병원 대기실에서 코로나 백신을 맞으려는 방문객에게 문진하기 바쁘다.

"최근 14일 이내 백신 안 맞으셨어요?"

"그러믄유."

"백신 접종 후 알레르기 반응 나타난 적 있으세요?"

"아이, 그런 거 없어유. 골치 아픈께 물어보지 마유. 여기 노다지 다니는 사람인데유."

만사가 귀찮다는 듯 창수씨는 쇳소리로 되받아친다.

수액실에서는 간난씨가 소리를 지른다.

"아이고, 사람 죽이네. 큰 바늘로 찌르니까 아프잖어."

작은 바늘이라고 설명하는 간호사의 말에도 간난씨는 병원이 울리도록 목소리를 높인다.

"워매, 누가 모를 줄 알고. 내가 큰 병원 다녀봐서 다 알어. 어디서 그짓말이여."

수액이 들어가자 겨우 진정이 된다.

세월을 먹은 당신은 이방인 차지다. 혈압 당뇨가 불침번을 서고 기억을 훔쳐 가는 치매가 복병처럼 숨어 산다. 기울어가는 육신에 참견할 수 없어서 속수무책이다. 이가 빠져 우물거리고 말귀를 알아듣지 못해 되묻기 일쑤다. 눈이 침침해져 잘 보이지 않는다. 앙상한 다리는 힘이 풀려 휘청거린다. 투덜대는 무릎 탓에 두 발로 걷는 것도 마땅치 않다. 반으로 접힌 육신을 지팡이에, 유모차에 의지해 발걸음을 내디딘다. 어눌한 걸음마다 터져 나오는 한숨 섞인 '아이고' 소리가 추임새처럼 따라붙는다. 시들어가는 몸과 따르지 못하는 마음의 불협화음이 서늘하다. 부스럭거리며 곁을 내주지 않는 시래기처럼 생기 잃은 당신이 서글프다.

소멸로 가는 기다림이어서일까. 흘러가는 시간이 마뜩잖아 괜스레 성화다. 혈관에서 피를 뽑으면 아까운 피를 왜 이리 많이 뽑냐고 지청구를 쏟아 놓는다. 지난번보다 진료비가 일이백 원이라도 더 나오면, 주머니에 있는 거 죄다 털어 갈라고 그러냐며 따진다. 아직

순번이 안 됐는데도 바쁘다며 보챈다. 세월의 격랑을 받아낸 메마른 심기가 불쑥불쑥 튀어 오른다.

굴곡지고 파란만장한 삶을 거쳤으니 지는 해를 바라보며 생을 반추할 줄 알았다. 이만하면 괜찮게 살았노라 자부심을 품고 유유자적할 줄 알았다. 볼 거 안 볼 거 다 봤으니 웬만한 일에는 흔들리지 않으리라 생각했다. 느린 햇살을 따라 숲을 거닐고 불어오는 바람에 흐트러져도 좋으리. 손주들의 재롱을 보며 여유를 만끽하면 좋으련만. 살아가는 일은 여전히 버겁기만 하다.

소일거리라 둘러대며 폐지를 주우러 다니고 성치 않은 삭신으로 텃밭에서 나물을 캐서 좌판을 벌인다. 공공근로 일자리를 찾아 여기저기 헤매기도 한다. 번듯하게 남아있던 한 채의 집은 도회지에 나가 사업을 하는 맏이의 사업자금으로 쓸려나간다. 논 팔고 밭 팔아 자식들 뒤치다꺼리하고 나니 빈손이다. 의지하던 옆지기가 떠난 뒤로 부쩍 외롭다. 먼지 쌓인 빈집을 지키며 흐릿한 기억을 더듬는다. 골다공증으로 뼈가 부러져 쇠를 덧대 운신마저 어렵게 되자 자식들은 요양병원을 운운한다. 고갱이를 대처로 보낸 후, 밭고랑에 뿌리만 남겨진 몇 장의 배춧잎처럼 내일을 알 수 없어 허허롭다.

생의 끄트머리에 다가갈수록 할 수 있는 일이 줄어들고 하고 싶은 일도 없어진다. 설렘이 사라지고 느닷없이 찾아오는 허망한 생각들에 사로잡혀 맥을 놓는다. 잠이 쉬이 오지 않아 불면의 나날을 보내기도 한다.

허나, 그늘진 당신이라고 마냥 체념하고 내려놓으며 받아들이란 법은 없다. 사춘기, 갱년기의 질풍노도가 일흔 아흔에 오지 말란 법도 없다. 인생의 한 사이클을 돌았으니 얽매일 것도 속박받을 것도 없는 자유로운 영혼이 당신 아니던가. 하여 개의치 않고 종주먹을 들이대거나 젊었을 적에 꿈꾸어 온 일을 실행에 옮겨보기도 한다.

가슴에 눌러 담고 산 방랑벽을 들춰 각설이로 살아가는 점례씨. 시골 오일장을 돌며 화려한 발재간과 가위질로 신명 나게 판을 벌이는 그녀를 보고 그 누가 노령이라고 얕잡아 볼 수 있겠는가. 바닥으로 나뒹굴기 전, 떨어지기 직전의 삶을 맘껏 불사르는 단풍처럼 구성지게 뽑아내는 각설이 타령은 보는 사람마저 감흥에 젖게 한다.

목요일만 되면 복지관에 장구를 치러 다니는 복순씨, 장애인들에게 무료로 머리를 깎아주며 봉사하는 옹주씨, 뒤늦게 국문을 깨치고 읽는 즐거움에 빠져 사는 옥분씨는 활기찬 하루로 늘그막의 가슴을 달군다. 배우고 누리는 일에 나이가 무슨 상관이랴. 누구든 무의미하게 시간을 보내면 녹이 슬고 뒤처지기 마련이다. 허물어지는 육신을 재건할 수 없지만 주어진 하루를 온전히 살아내는 당신들의 청춘이 생동한다.

주름 많은 몸의 감흥으로, 여전히 꿈꾸는 열정으로 머무르는 당신은 아름답다. 열의를 소진했든 후회로 남았든 할 때까지 해봤든 누구나 황혼에 도달한다. 이루었던 일과 이루지 못해 잊혀야 했던 일들을 겪어 내며 생의 깊이가 더해진다. 싹을 밀어 올리기 위해 바장이는 봄날이 가면 밤새 울어대는 풀벌레 울음소리에 귀 기울일 여름이 멀지 않았음을 직감한다. 안드로메다, 페르세우스 별자리가 동쪽에서 빛을 발하면 거둬들여야 할 가을이 무르익었음을 알아차린다. 눈 덮인 겨울 들녘에 서서, 머무르는 지금의 계절이 가야 다음 계절이 오는 진리를 머리가 아닌 몸으로 터득한다. 흐르는 물처럼 사계절을 따라 뒤척이며 인생을 완성하게 될 당신이기에, 누추하거나 화려하거나 가리지 않고 끌어안는 깊고 먼 눈빛을 지니게 될 당신이기에, 더할 수 없이 기쁜 마음으로 맞이해도 좋으리. 기어코 올 것이 왔다는 한탄이 아닌, 넉넉한 아량으로 감싸 안으리. 비릿한 풋내기에서 질주하는 청년기를 거쳐 원숙한 장년기를 경유해서 도착할, 노년이라는 이름을 가진 당신은.

어스름이 깔린다. 분주했던 하루가 기우는 저물녘이다. 북적거렸던 병원 대기실도 뜸하다. 펼쳐놓은 업무를 정리하고 갈무리할 시간이다. 당신에게는 고달팠을, 다른 당신에게는 하품 나게 지루했을, 또 다른 당신에게는 보람찼을 하루가 이울어간다. 내일이면 다시 만날 그대들이기에 조금씩 스며드는 당신의 기척에 화답하며 인사를 고한다. 사위어가는 노을이 황홀한 저녁, 모두들 안녕하시기를.

—『수필과비평』 2022.2

옷핀

청빈한 빈자다. 덮개 하나 둘러쓰고 처처를 유랑한다. 바깥세상에서 득세하는 실과 바늘을 비껴나다 보니 거처라 부를 만한 곳이 없다. 잡동사니 가득한 서랍에 세 들어 살거나 토굴같이 캄캄한 곳에 칩거한다. 머지않아 쓰레기통으로 직행할 것들과 엉켜 굴러다니기도 한다.

곁방살이라 쉬이 드러나지 않는다. 외따로이 있다 보니 겹겹이 쌓아놓은 클립이나 압정 무더기보다 눈에 잘 띄지 않는다. 삼베 홑청처럼 가벼워 기억의 회로에서 곧잘 이탈한다. 세상사에 무심하게 돌아앉아 있는 옷핀이 초연하다.

실과 바늘처럼 이룰 짝이 있는 것도 아니다. 단추와 단춧구멍처럼 정해진 자리가 있는 것도 아니다. 오색찬란하게 피워낼 꽃도 야무지게 잠가놓을 한 자락 꿈도 없다. 걸쇠에 눌러둔 침으로 흐트러진 세상을 평정한다. 엿가락같이 늘어진 허릿단을 조이고 닳고 해져 벌어진 사이를 여민다. 실밥 터지는 솔기의 분노를 봉합하고 뜯어진 치맛단의 설움을 부둥켜안는다. 배불뚝이가 되도록 생의 무게에 짓눌린 흔적을 삼킨다. 찢어지고 떨어져 아우성치는 항변을 단번에 뚫는다.

잠깐의 소용으로 불시에 호출되는 옷핀. 코가 꿰여 여기저기 불려 다니지만 있는 듯 없는 듯 소명을 다한 후 흔적 없이 사라진다. 어쩌면 후미진 곳에서 인생무상을 외치고 있는지 모른다. 몸뚱이 휘어지게 제 몫을 다하고 곡예를 부리는 실오라기에, 박히는 후크에, 채워지는 단추에 하릴없이 자리를 내어주어야 하니 말이다.

허나 옷핀에게도 어딘가에 단단히 꽂혀 존재감을 나타내던 시절이 있었다. 유년의 기억 속, 할머니는 허리춤에 옷핀을 매달고 다녔다. 커다란 옷핀에 광과 벽장의 열쇠를 끼워 지녔다. 심부름하거나 학교에서 상장을 받아온 날에는 할머니 속곳이 들춰졌다. 다물었던 옷핀이 입을 벌리고 열쇠를 토해내면 자물쇠가 풀리며 스르르 벽장이 열렸다. 자물쇠에서 빠져나온 열쇠는 도로 옷핀에 삼켜졌다. 마치 열쇠와 자물쇠, 벽장이 옷핀의 주술에 걸린 것처럼 느껴졌다. 뾰족한 침으로 걸어놓은 열쇠를 좌지우지하는 옷핀의 명령을 따르는 시종들 같았다. 힘을 가둬둔 옷핀이 은빛 광휘로 모두의 눈을 가리고 있었던 건 아닐까. 옷핀이 부리는 마법은 옷섶에 가려졌다가 때가 되면 숨은 힘을 발휘하곤 했다.

뚫어서 꿰어라. 치어리더의 등짝에 붙어 큰 옷을 달라붙게 재단하든, 유명 연예인의 의복에 장착되었든 옷핀은 단호하게 찌른다. 매끈하게 관통해서 꿰어야 한다.

내게도 옷핀이 필요할 때가 있다. 자꾸만 바깥으로 치달아 제자리에서 벗어나는 날, 허방 짚듯 휘적거리는 날, 누군가가 나를 예리한 침으로 찔러줬으면 하는 날이 있다. 견딜 만큼 견딘 생의 봉합선이 뜯어져 제풀에 지칠 적에 마냥 흘러내리지 않게 무언가로 꿰어줬으면 싶다. 날카롭게 짚어주고 별스럽지 않게 보듬어주는 그녀, 국밥집 주인장 행숙씨가 그런 사람이다.

그녀를 처음 만난 건, 아이들이 커가면서 뿌리와 겉잎만 남은 철 지난 배추처럼 시들해질 때였다. 허허로운 마음을 내보이자, 이거 한번 읽어 보라며 건네준 책이 연이 되어 드나들게 되었다. 무학이라며 손사래 치는 것과 달리 넘겨주는 책의 문장들은 촌철살인이었다. 책들의 탑으로 둘러싸인 그녀의 지성을 짐작하고 남음이다. 어떤 문장으로도 채워지지 않는 허기에는 행숙씨가 말아주는 국밥이 최고였다. 식당 벽을 에워싼 메모벽에 '주는 대로 먹어라' 라고 쓰여 있듯 그녀의 일터에 가면 온전히 주인에게 맡겨야 한다. 메뉴와 양, 가격까지 그녀가 정해준다. 서빙을 하다가 시 한 수를 읊고 노래 한 소절을 들려준다. 인정을 셈하지 않고 어려운 사람에게는 기름값 하라며 지폐 몇 장을 찔러준다. 경우에 어긋날 때는 쩌렁쩌렁한 목소리로 사리 분별을 가려낸다. 눈물 쏙 뺄 정도로 맵차게 조언해 주면서 따끈하게 속을 데워주는 행숙씨가 내게는 옷핀 같은 존재다.

탈출을 감행하고 싶어 바장이는 날에는 그녀에게 간다. 나를 조이고 싶은 날, 아무 날 아무 시에 무람없이 찾아간다. 느슨해져 나풀거리는 마음을 누르기 위해 그녀를 찾는다.

'옷핀'하고 불러본다. 물꼬 터지듯 막혔던 숨이 흐르는 숨으로 순치된다. 궤도에서 벗어난 것들이 가지런해진다. 고리 하나로 세상 한구석을 잇고 있는 매무새가 단단하다. 기꺼이 제 몸을 빌려주는 옷핀에 마음이 머문다. 내 안의 들뜸이 가라앉는다.

얇디얇은 몸피로 힘을 모으고 있는 옷핀이 고요하다.

—『수필과비평』 2020.9

너에게 보낸다

지난 계절 된통 앓았다. 질주하는 감정에 집중하느라 이상 징후를 알아채지 못했다. 아니 모른 척했다는 게 맞는 말이다. 어쩌면 회복탄력성에 기댔는지 모른다. 야근으로 날밤을 새우고도, 몸은 때꾼해진 눈빛으로 뚝배기처럼 말없이 움직이지 않았던가.

궁지에 몰릴수록 마음은 애먼 몸에 무게를 부렸다. 속앓이로 심란할 적엔 허벅지가 무지근해지도록 트랙을 돌았다. 걱정이라는 훼방꾼이 넉장거리로 누워 발목을 잡을 때는 심장이 쿵쾅거릴 때까지 내달렸다. 우울한 기분을 날려 버리기 위해 근육들은 한시도 긴장을 늦추지 않았다.

갉아먹는 온갖 것들에게 먹잇감이 되어주는 몸인데, 고약하게 굴었다. 뱃속에서 꼬르륵 소리가 날 정도로 속을 굶기는 날이 다반사였다. 아프고 억울해서 눈물이 솟구치면 참으라고 성화를 해댔다. 참다못한 목덜미가 날 선 긴장으로 뻣뻣해지고, 만취 상태로 속엣것을 게워 낸 위장이 탈이 나도 어김없이 하루를 살아냈다. 과부하로 기진맥진하건만 너만의 길을 가기 위해서는 이 정도는 견뎌야 한다며 으름장을 놓기까지 했다. 밑장 빼듯 오늘은 정신력으로 내일은 살아내야 하는 소명으로 돌려막았다.

사막의 유목민들은 낙타를 밤새 밧줄로 나무에 묶어둔다고 한다. 다음날 줄을 풀어줘도 낙타는 도망가지 못한다. 지난밤 묶여있던 기억이 족쇄로 작용하는 것이다. 살아오는 내내 억압받은 유년의 내 기억들도 무의식 어딘가에 존재하며 순간순간 수면으로 떠올랐다. 불안심리로 본인을 통제하지 못해 가족들에게 쏟아붓던 아버지의 잔소리가 나를 옭아맸다. 누군가의 지적을 받아들이기 어려워 무엇이든 완벽하게 해낼 때까지 자신을 몰아붙였다. 싫은 소리를 듣고 싶지 않아 진땀이 나도록 몰두했다.

기실, 몸이 바라는 건 그런 게 아니었다. 못하면 못하는 대로 그럴 수 있다고 인정하길 바랐다. 괜찮다고 자기 연민으로 토닥이길 원했다. 이 모든 것을 모르쇠로 일관했기에 제대로 한 방 먹었다.

언제부터인가 붉을 홍(紅)자가 그림자처럼 따라붙었다. 오만 성깔을 부리며 열기를 내뿜고 두드러기를 불러일으켰다. 수시로 가슴이 두근거리고 늘 해 오던 일인데 집중이 되질 않았다. 자신감이 떨어지고 마디마다 삐거덕거렸다. 툭하면 눈물이 났다. 참아보려고 이를 악물면 외려, 통곡 섞인 울음이 터졌다. 둑 터진 제방처럼 한 번 터지면 멈출 수가 없었다. 마음을 따르느라 방치하다시피 한 몸이 폭발한 것이다. 다른 사람의 안부는 잘도 물으면서 정작 몸에는 눈을 감고 귀를 닫은 탓이다.

그제야 까부라진 몸이 눈에 들어왔다. 기울어진 어깨, 새끼발가락에 박힌 굳은살, 깊어지는 팔자주름, 그간 나를 위해 헌신했던 흔적들이 고스란하다. 세월을 얹어두었을 뿐, 뒤돌아보지 못한 후회가 밀려든다.

지친 육신에 쉼을 주기로 한다. 바람을 맞고 싶어 산책에 나선다. 봄날의 생기가 거리에 지천이다. 삽상한 공기를 들이마시며 여기저기를 거닌다. 오가며 차창에 비치던 가로수 나무들이 오늘따라 가벼워 보인다. 나뭇가지 사이로 하늘이 들락거리고 바람이 걸터앉는다. 가만히 보니 전지가 한창이다.

볕살을 먹고 하늘로 뻗어나가려던 나무의 욕망이 잘려 나간다. 가로등 불빛으로 불면의 나날을 보내고 소음에 시달리면서도 무성하게 잎을 매단 나무였다. 아스팔트 아래 옹색한 곳에 뿌리를 내린 채 내 집인 양 허공을 차지하려 한 나날이었다. 빽빽하게 채웠던 잎새들이 빠져나간 자리가 헐겁다. 이보다 더 홀가분할 수 있을까. 안간힘을 쓰느라 부대끼기만 했던 잎들이 마주 보며 한들거린다. 한결 여유롭다.

세월을 사느라 고단했을 내 몸을 쓸어본다. 한때는 수시로 낯빛을 살펴 보듬어주던 지극한 존재였다. 손짓, 발짓 하나하나에 의미를 부여하며 환호작약하던 이들이 곁을 지키며 수발을 들지 않았던가. 밥벌이에 세상살이에 치여 뒷전으로 밀려난 몸이 섧다. 봄이면 새순의 초록을 만끽하기도 전에 더워질 여름을 걱정하고, 가을이면 청명한 하늘의 내음을 맡기보단 뒤따라올 겨울을 준비하느라 깜깜절벽이었던 나의 몸.

토닥여주지 못해 외로웠을 너를 보듬는다. 들여다볼 새 없이 내달린 숨을 내려놓고 편안한 숨으로 머문다. 오직 나를 위해 사는, 단 하나의 시점으로 접점을 이루는 너를 위해 눈을 맞추고 귀를 기울인다.

저만치 깔리는 노을이 참하다. 지난한 시간 위로 주황빛 등이 켜진다. 시나브로 물들어 가는 나를 너에게 보낸다.

–『좋은수필』 2022.6

흘러가는 대로

묶는다. 가득 찬 쓰레기들이 튀어나오지 않게 손아귀에 힘을 준다. 웬만하면 봉투를 하나 더 사용하라는 남편의 지청구에도 요지부동이다. 마지막 쓰레기봉투라도 되는 양 배불뚝이가 되도록 밀어 넣고 우격다짐으로 묶어 버린다.

오랜만에 대청소라 치울 게 산더미다. 헌 옷가지며 잡동사니며 책들을 추려서 자루에 넣는다. 옆에서 뒤적거리던 남편이 아직 쓸만한데 버리냐며 만류한다. 자리만 차지한다는 이유로 그예 쓸어 담는다. 아무리 소용이 다 했다고는 하지만 물건들도 연이 닿아 여기로 왔을 텐데. 동고동락한 추억도 깃든 시간도 한데 묶어 버리는 내 모습이 순간, 생경하다. 쓸모를 다한 마지막이란 이리 무감각한 것인가. 그동안 버리기 위해 얼마나 많은 사연을 묶어 왔을까. 노끈으로 칭칭 감으며 숨도 못 쉬게 봉해 놨을까.

며칠 전에 아버지 병문안을 다녀왔다. 병원 측에서 봉투 하나를 건넸다. 꺼내든 아버지의 서류는 가붓했다. 일흔여덟의 생애가 A4 용지에 압축되었다. 00 장애, 00 에피소드, 0000 유해한 사용, 퇴행성 치매 등 일생 살아온 이력이 백지에 나열되었다. 감춰둔 음지의 영역이 죄다 까발려졌다. 종이에 쓰인 병명에서 이탈은 불가능했다. 빼도 박도 못하게 단단히 낙인찍혔다. 글자들은 볼 것도 없다며 장기간 치료가 필요하다고 쐐기를 박았다.

이제껏 일생을 수식한 종손, 농부, 목수의 내력은 어디에서도 찾아볼 수 없다. 살아온 사연을 덮고 남을 만큼 병들이 빼곡히 자리를 차지했다. 잠시 현기증이 인다.

이제 남은 시간은 치료에 저당 잡혔다. 생의 활자들은 약으로 점철될 것이다. 노년기에 젊은 시절을 되돌아보며 추억에 젖는 일은 없을 테다. 본인의 병식을 인식하지 못하니 후회나 원망은 없다. 자신이 왜 입원했는지 모르는 아버지를 위해 치료하러 왔다는 말을 복창한다. 그러자 아버지는 어제도 그제도 했던 이야기를 꺼낸다. 병원에서 약을 안 준다고 하소연이다. 약을 먹고 기억하지 못해 또 달라고 떼를 쓴다. 그러면서도 아픈 데가 없는데 무슨 입원이냐며 내일 퇴원할 테니 바지를 가져오라고 성화를 부린다.

무던히도 가족을 힘들게 하던 분이었다. 피폐한 아버지로 인해 하루도 온전한 날이 없었다. 오늘은 무슨 일이 생기지는 않을까. 두려움으로 채워진 일상이었다.

보름달이 훤히 뜬 그 밤도 그랬다. 초가지붕 위의 박꽃은 서럽도록 하얗게 흐드러졌다. 어머니는 부리나케 삽짝을 빠져나왔다. 술에 취해 막무가내로 행패를 부리는 아버지를 피해 도망치는 중이었다. 벌컥 방문이 열렸다. 어딜 가냐는 고함이 허공을 후려쳤다. 뒤이어 쫓아오는 아버지의 발자국 소리가 들려왔다. 어머니 등에 업힌 나는 가슴이 콩닥거렸다. 어린 마음에도 등줄기가 서늘했다. 천둥소리 같은 아버지의 발걸음에 따라잡히지 않기를, 어머니가 더 힘을 내주길 간절히 바랄 뿐이었다.

삶이 궁지에 몰리는 날이면 여지없이 그날의 나로 되돌아간다. 누군가가 큰소리로 추궁하거나 잘잘못을 들춰낼 적에는 압박감에 짓눌려 움츠러든다. 우악스러운 그림자의 환영이 끄덩이를 잡고 놔주지 않는다. 무의식에 자리 잡은 유년의 기억이 옴짝달싹 못 하게 옭아매는 것이다. 세월이 흘러 중년에 접어들었건만, 몸에 체득된 불안이라는 훼방꾼은 배경음악처럼 따라다닌다. 수시로 길을 가로막고 넉장거리로 누워버리기 일쑤다. 억눌린 결손의 정서로 마음자리마저 척박하다.

더러는 맘속에 쌓인 원망과 미움을 쏟아내 버리겠다. 고생대의 짓눌린 한을 시퍼렇게 불태우는 석탄처럼 첩첩이 쌓인 응어리를 터트리겠다. 앙다무느라 견뎌낸 마음의 상처를 되갚겠다는 상상으로 숱한 밤을 지새우기도 했다.

그런들 절룩거리는 한쪽 다리와 척추협착증으로 구부정한 허리, 가물거리는 기억 등 성치 않은 노인에게 뭘 어쩌자는 건가. 당도하는 병마에게 점령당한 아버지의 몸은 무기력하기만 하다. 온갖 병증이 아버지의 결말을 잠식하며 살아있는 시간을 갉아먹는다. 변명이나 항변을 듣기엔 아버지의 기억은 이미 희미해졌다. 비루한 서사로 흐릿한 종착점에 다다르고 있다.

그간 아버지의 존재가 허물이라도 되는 양 부정하고 회피해왔다. 짐짝처럼 동여매고 욱여넣어 맘속 어딘가에 밀쳐뒀다. 노쇠해지는 아버지를 보며 연민이라도 들라치면, 외려 도리질 쳤다. 늙수그레한 육신이 면죄부가 될 수 없다며 분기의 끈으로 더욱 비끄러맸다. 아버지 스스로 불가항력이었을 병에 대한 이해보다는 귀찮은 존재로 강등시켜 무관심의 보따리에 꽁꽁 싸맸다. 불화한 날것의 감정들, 온갖 상념의 파편들마저 비틀고 조이고 옥죄며 묶고 또 묶어 댔다.

이제는 자유로워지고 싶다. 과거에 묶인 나에게서, 묶어 놓은 아버지에게서 벗어나고 싶다. 묶여 있느라 빠져나올 수 없었던 감정의 늪에서 헤어나, 묶느라 쥐고 있던 질힘에서 풀려나 한결 편안해지고 싶다. 더는 무의미한 겹겹의 사연을 풀어 흘려보내련다.

아버지의 얼굴을 바라본다. 약을 먹고 잠이 든 얼굴이 고요하다. 그런 아버지라도 돌아가시면 회한으로 남는다는 지인의 말을 떠올린다. 한 줌 재로 산화될, 물거품처럼 사라질 기척들이 적막하다. 더는 붙잡을 수 없는 아버지의 의식은 어디에 머무르고 있는 걸까. 무너질 일만 남은 폐가처럼 어떤 희망이나 기대도 걸 수 없는 봉인된 영혼이 아득하다. 그저 잠이라도 편안히 주무시기를. 내내 기도한다.

—『수필오디세이』 2025. 여름호

황진숙 수필집

곰보 돌 궤적을 긋다

인쇄 2026년 1월 22일
발행 2026년 1월 27일

지은이 황진숙
발행인 서정환
펴낸곳 수필과비평사
주 소 서울시 종로구 삼일대로 32길 36, 305호(익선동 운현신화타워)
전 화 (02) 3675-3885 (063) 275-4000·0484
팩 스 (063) 274-3131
이메일 sina321@hanmail.net
출판등록 제300-2013-133호
인쇄·제본 신아문예사

* 저자와 협의하여 인지는 생략합니다.
* 잘못된 책은 바꿔 드립니다.

ISBN 979-11-5933-625-6 03810
값 17,000 원

Printed in KOREA